NAWIgator 3

Forschen und Entdecken

Brigitte Bömer
Ilse Nötzold
Uwe Rist
Wilhelm Roer
Georg Trendel

D1725772

Ernst Klett Verlag
Stuttgart   Düsseldorf   Leipzig

Gedruckt auf Papier aus chlorfrei gebleichtem
Zellstoff, säurefrei.

1. Auflage

A 1 $^{5\ 4\ 3\ 2\ 1}$ | 2004 2003 2002 2001 2000

Alle Drucke dieser Auflage können im
Unterricht nebeneinander benutzt werden, sie
sind untereinander unverändert. Die letzte Zahl
bezeichnet das Jahr dieses Druckes.

Redaktion: Ute Kühner, Simone Reichert,
Olaf Bieck
Herstellung: Hans Klement
Layout: Alfred Marzell, Schwäbisch Gmünd
Zeichnungen und Illustrationen: Alfred Marzell,
Schwäbisch Gmünd

Satz und Repro: Steffen Hahn GmbH,
Kornwestheim
Druck: SCHNITZER DRUCK GmbH, Korb.
Printed in Germany

ISBN 3-12-036510-6

Einbandgestaltung:
Alfred Marzell, Schwäbisch Gmünd unter Verwendung folgender Fotos:
Wüste: MEV-Verlag GmbH, Augsburg; Tropfen-
der Wasserhahn: Fabian H. Silberzahn, Stuttgart; Sonne: NASA, Washington; Erdkugel:
Mauritius (von Ravenswaay), Stuttgart; Kalot-
tenmodell H_2O: Klett-Archiv; Wasserfloh: Silvestris (K. Wothe), Kastl; Brennende Ölquellen:
dpa (Fotoreport), Frankfurt/M.; Tauchpanzer:
Dräger Sicherheitstechnik GmbH, Lübeck;
Auto: Volkswagen AG, Wolfsburg; Feuerwerk:
Imagine (Westlight), Hamburg; Storch: Mauritius (Lacz); Surfer: Mauritius (Keyphoto International)

Hallo Leute,

hier ist Bewegung drin!
Schritt für Schritt könnt ihr herausfinden,
warum z. B. die Titanic doch sinken konn-
te, wir beim Gehen so selten umfallen; wo
sich Wasser überall verstecken kann und
welche drei Dinge ein Feuer immer
braucht.
Das Alles, und noch viel mehr zu den The-
men, Fortbewegung, Wasser und Stoffver-
änderungen, könnt ihr mit diesem Buch
selbst erforschen und entdecken.

Viel Spaß dabei!

Inhaltsverzeichnis

So arbeitest du mit diesem Buch 6

I Lebensgrundlage Wasser

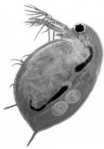

▶ **Der blaue Planet** *8*

■ **1 Wasserassel & Co** *10*

- ● Ein Fall für Umweltdetektive 12
- ● Plant euer eigenes Projekt 13
- ● Experten für Tiere und Pflanzen gesucht! 14
- ● Im Wasserlabor! 16
- ● Am See: Untersuchung eines stehenden Gewässers 18
- ● Am Bach: Untersuchung eines fließenden Gewässers 20

■ **2 Alles fließt** *22*

- ● Wasserteilchen – gemeinsam sind sie stark 24
- ● Viel Wasser, viel Kraft 25
- ● Ohne Wasser läuft nichts! 26
- ● Der Wasserkreislauf im Menschen 27
- ● Ab in den Gulli 28
- ● Sauberes Wasser = Trinkwasser? 30

≡ **Infothek** *32*

II Fortbewegung in Natur und Technik

▶ **fliegen, fahren, laufen, schweben, schwimmen, tauchen** *52*

■ **1 Von Träumen, Abenteuern und Katastrophen** *54*

- ● Der Untergang der Titanic 56
- ● Vorstoß in die Tiefen des Meeres 58
- ● Der Traum vom Fliegen 60
- ● Fliegen wie ein Vogel 62
- ● Schweben in Luft – wir bauen einen Heißluftballon 64

■ 2 Alles in Bewegung *66*
- ● Schritt für Schritt 68
- ● Geschwindigkeit ist keine Hexerei! 70
- ● Gut in „Form"! 72
- ● Tempo, Tempo 74

Infothek *76*

- ▶ Mit den Wahlseiten findest du dein Wunschthema.
- ■ Mit der Themenseite steigst du in das gewählte Thema ein.
- ● Auf den Aktionsseiten findest du viele Anregungen und Anleitungen zum Experimentieren.
- ≡ Auf den Infothekseiten findest du Informationen, die du zum Forschen und Entdecken brauchst.

III Stoffe verändern sich und werden verändert

Stoffe verändern sich und werden verändert

▶ **Feuergeschichten** *92*

■ 1 Der Sauerstoffplanet *94*
- ● Geklautes Feuer 96
- ● Feuer und Flamme 98
- ● Heiße Probleme 99
- ● Eisen im Feuer 100

■ 2 Zurück in die Zukunft *102*
- ● Am Anfang war das Feuer 104
- ● Gefesseltes Feuer 106
- ● Feuer verändert die Welt 108

Infothek *110*

Gefahrstoffliste 122
Gefahrstoffsymbole 123
Gefahrenhinweise : R-Sätze 124
Sicherheitshinweise : S-Sätze 125
Grundregeln für richtiges Experimentieren 126
Bestimmungshilfe: Tiere in Bach und See 127
Register 128
Bildquellenverzeichnis 130
Chemische Elemente 133
Periodensystem der Elemente 134
Umrechnungen von Einheiten 136

So arbeitest du mit diesem Buch:

▶ **Auf der Wahlseite erfährst du, worum es geht.**

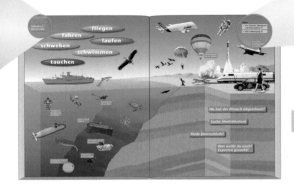

Dies ist das Rahmenthema.

Die Infothek ist dein Lexikon.

Weitere Informationen dazu unter
R wie Rückstoß in der Infothek

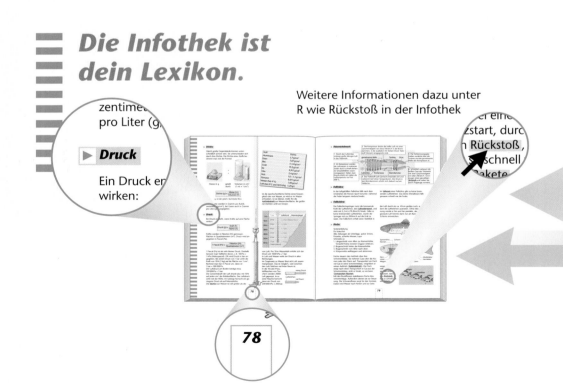

Wähle:

▶ Von Träumen, Abenteuern und Katastrophen 54

▶ Alles in Bewegung 66

Concorde Reiseflughöhe ca. 10 000 m

■ *Die Themenseite erleichtert dir den Einstieg.*

Von Träumen, Abenteuern und Katastrophen

● *Auf den Aktionsseiten findest du Experimente und Beobachtungsaufgaben.*

▶ Druck 78

Zum Druck findest du Informationen auf Seite 78.

b) Der ▶ Druck macht 's.
Gib ein leeres Backaromafläschch
mit der Öffnung nach unten, in ein
bis zum oberen Rand mit Wasser ge
füllte Kunststoffflasche.
Was passiert, wenn du die
Flasche vorsichtig zusam
mendrückst?
Beobachte den Stand
Wasseroberfläche im
Backröhrchen. W
dert sich?

Der blaue Planet
Wasser: der wichtigste Stoff auf der Erde

/4 der Erdoberfläche sind mit Wasser bedeckt.
m gibt es dennoch Wassermangel?

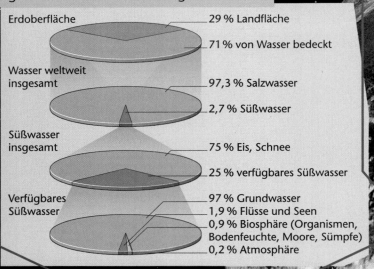

Erdoberfläche
— 29 % Landfläche
— 71 % von Wasser bedeckt

Wasser weltweit
insgesamt
— 97,3 % Salzwasser
— 2,7 % Süßwasser

Süßwasser
insgesamt
— 75 % Eis, Schnee
— 25 % verfügbares Süßwasser

Verfügbares
Süßwasser
— 97 % Grundwasser
— 1,9 % Flüsse und Seen
— 0,9 % Biosphäre (Organismen,
Bodenfeuchte, Moore, Sümpfe)
— 0,2 % Atmosphäre

An welchen Flüssen liegen die
größten Städte Deutschlands?
Schaue in einem Atlas nach.
Warum haben sich die Menschen
immer in der Nähe des Wassers
angesiedelt?

Wasserfässer & Co. 10
▶ Alles fließt 22

Nehmt Wassergeräusche auf und macht daraus ein Ratespiel.

Sammle Redewendungen in denen das Wasser eine Rolle spielt, z. B. „Stille Wasser sind tief!"

In vielen Kulturen spielt Wasser eine besondere Rolle. Erkläre und finde weitere Beispiele.

Das Gewässer-Güte-Spiel

Ein Spiel für 2–6 Mitspieler bzw. Mitspielerinnen.
Gespielt werden sechs Runden.

Spielanleitung

Ihr braucht: Einen eigenen Auswertungsbogen, ein Los für jedes Tier mit einer Nummer, Losbehälter, Würfel, Taschenrechner.

a) Los geht's! Der Zufall spielt mit. Zieh ein Los! Damit hast du ein Tier gefangen. Merke dir die Nummer und lege das Los in den Behälter zurück.

Rote Nummer im Spielfeld:
Nur wenn du den Namen des Tieres kennst, darfst du ein neues Los ziehen und weiterspielen.

Blaue Nummer im Spielfeld:
Bestimme den Namen des Tieres. Die Abbildungen auf dieser Seite helfen dir.

b) Was die Fähnchen dir verraten

Treffer: Das Tier ist ein Spezialist. In Seen mit dieser Güteklasse findet ihr viele solche Tiere.
Wie viele?
Würfel zweimal und addiere. Trage den Namen, die erwürfelte Anzahl und den Gütefaktor vom Fähnchen in deinen Auswertungsbogen ein.

Schade: Das Tier ist kein Spezialist. Es kommt in sauberen und verschmutzten Gewässern vor. Trage den Namen in den Auswertungsbogen ein. Statt der Zahlen zeichne traurige Smilies in die freien Felder.

Der nächste Spieler oder die nächste Spielerin ist dran.

c) Wer hat gewonnen?
Berechnet die Gewässergüte. Füllt die dafür notwendigen Kästchen auf eurem Auswertungsbogen aus. Der Gewinner ist:
Der sauberste See!

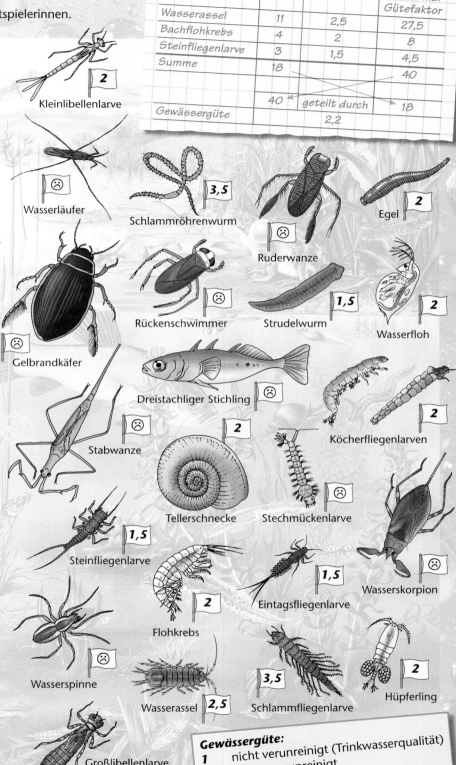

Auswertungsbogen

gefundene Arten	Anzahl	Gütefaktor	Anzahl mal Gütefaktor
Wasserassel	11	2,5	27,5
Bachflohkrebs	4	2	8
Steinfliegenlarve	3	1,5	4,5
Summe	18		40
	40 ← geteilt durch → 18		
Gewässergüte		2,2	

Kleinlibellenlarve — 2

Wasserläufer — ☹

Schlammröhrenwurm — 3,5

Ruderwanze — ☹

Egel — 2

Gelbrandkäfer — ☹

Rückenschwimmer — ☹

Strudelwurm — 1,5

Wasserfloh — 2

Dreistachliger Stichling — ☹

Stabwanze — ☹ — 2

Köcherfliegenlarven — 2

Steinfliegenlarve — 1,5

Tellerschnecke

Stechmückenlarve — ☹

Eintagsfliegenlarve — 1,5

Wasserskorpion — ☹

Flohkrebs — 2

Wasserspinne — ☹

Wasserassel — 2,5

Schlammfliegenlarve — 3,5

Hüpferling — 2

Großlibellenlarve — 2

Gewässergüte:

1 — nicht verunreinigt (Trinkwasserqualität)
1–2 — gering verunreinigt
2 — wenig verunreinigt
2–3 — mäßig verunreinigt
3 — stark verunreinigt
3–4 — sehr stark verunreinigt (Abwasser)
4 — übermäßig verunreinigt

Ein Fall für Umweltdetektive

"Unser" See ist krank?

Was ist los mit ihm?

Zuerst haben wir auf einer Karte alle Stellen markiert, an denen mit dem Wasser was passiert sein könnte.

Überlegt mal selbst: Welche Gefahren könnten von diesen Stellen ausgehen: für das Wasser, für Tiere und Pflanzen im und am See?

Schlammassel im Hengsteysee

Trinkwasser in Gefahr!

Fische trieben tot au...

Der Schlamm soll ausgebaggert werden!

Bootsverleih — Ausflugsgebiet — Zugverkehr — Autobahn — Klärwerk — Zufluss: Ruhr

Wasserkraftwerk

Gleise

Schwimmbad

Stauwehr

Wohngebiet

Trinkwasser-Gewinnung

Zufluss: Lenne

Landwirtschaft

Papierfabrik

Trinkwasser-Gewinnung — Unsere Schule — Klärwerk — Industriegebiet

Hengsteysee

... ja, was machen die da?

Wir setzen Untersuchungsideen in die Tat um, messen und sammeln Proben.

Hagen. (db) Ungewöhnliche Vorgänge auf dem Hengsteysee: Schüler und Schülerinnen der 7. Klasse der Gesamtschule Helfe treiben auf Ruderbooten mit Schläuchen und Marmeladengläsern bewaffnet am Zusammenfluss von Ruhr und Lenne und spannen ein Seil quer über den See.

Wo würdet ihr Proben entnehmen? Seht auf der Karte nach. Was würdet ihr untersuchen, testen, fragen, erkunden? Welche Ideen habt ihr?

Idee 1:
Wie trübe ist das Wasser, wie tief und breit ist der See?

Idee 2:
Proben entnehmen und Stoffe im Wasser und im Schlamm testen.

Idee 3:
Zuflüsse und Einleitungen (z. B. vom Klärwerk) untersuchen.

Idee 4:
Interviews machen, z. B. mit Anglern.

Idee 5:
Tiere und Pflanzen suchen, die Gewässergüte ermitteln.

Idee 6:
Den See mit einem ganz sauberen Gewässer vergleichen.

12

Plant euer eigenes Projekt

> Wie sauber sind die Gewässer bei euch?

1 Gewässer gibt es überall

Vielleicht gibt es bei euch außer einem See oder Bach, auch Flüsse, Tümpel, Talsperren, Kiesgruben oder einen Kanal.

Besorgt euch eine Karte von der Umgebung und überlegt, welches Gewässer ihr auf Umweltbelastungen untersuchen wollt.

2 Untersuchungsideen

a) Schreibt eure Ideen auf Karteikarten!

b) Schreibt auf der Rückseite jeder Ideenkarte euren Untersuchungsvorschlag auf. Überlegt, was dazu vorbereitet werden muss.

Name:
Florian Forelle
Meine Idee:
Lasst uns Tiere und Pflanzen im See untersuchen.

Aktionsvorschlag:
Tiere und Pflanzen suchen und die Gewässergüte bestimmen.
Vorbereitung:
Fanggeräte basteln,
Material besorgen.
Die Aufgabe übernimmt:

c) Stellt eure Ideen und eure Aktion in der Klasse vor. Entscheidet zusammen, welche Untersuchungen gemacht werden sollen.

d) Sortiert die Karten nach den Aktionen, die ihr machen wollt. Erstellt daraus einen Untersuchungsplan.

e) Wenn der Plan fertig ist: Entscheidet, wer welche Aufgabe übernimmt! Tragt euren Namen auf der entsprechenden Karte ein.

Aus Ideen wird ein Untersuchungsplan

Pflanzen und Tiere untersuchen	Gewässeruntersuchungen	Interviews Befragungen	Besichtigungen Erkundungen

Pflanzen und Tiere untersuchen

Aktionsvorschlag:
Tiere und Pflanzen suchen und bestimmen.

Aktionsvorschlag:
Mit Tieren die Gewässergüte feststellen.

Aktionsvorschlag:
Tiere von See und Bach miteinander vergleichen.
Vorbereitung:
Auswertungsbögen von See und Bach besorgen.
Die Aufgabe übernimmt:

Gewässeruntersuchungen

Aktionsvorschlag:
Sauerstoffgehalt messen, Stoffe im Wasser nachweisen.
Vorbereitung:

Aktionsvorschlag:
Tiefe des Sees messen, Sichttiefe bestimmen.

Aktionsvorschlag:
Schlammproben untersuchen.
Vorbereitung:
Schlamm sammeln, Gläser mitnehmen.
Die Aufgabe übernimmt:

Interviews Befragungen

Aktionsvorschlag:
Angler und Spaziergänger fragen.
Vorbereitung:

Aktionsvorschlag:
Die Leute von der Rettungsstation befragen.

Aktionsvorschlag:
Im Umweltamt anrufen.
Vorbereitung:
Telefonnummer besorgen, Fragen überlegen.
Die Aufgabe übernimmt:

Besichtigungen Erkundungen

Aktionsvorschlag:
Klärwerk, Papierfabrik, Wasserkraftwerk besichtigen.

Aktionsvorschlag:
Feststellen, wie viel Freizeitbetrieb es am See gibt.

Aktionsvorschlag:
Zuflüsse mit dem Fahrrad erkunden.
Vorbereitung:
Fahrradwanderkarte besorgen.
Die Aufgabe übernimmt:

Auf den nächsten Seiten könnt ihr euch zu Experten bzw. Expertinnen für Gewässeruntersuchungen machen.

Experten für Tiere und Pflanzen gesucht!

> Macht euch schlau, wie man Tiere und Pflanzen untersucht!

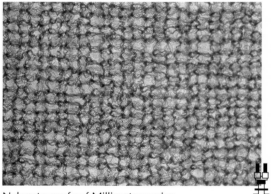

Tiere im Hengsteysee gefundene Arten	Anzahl	Gütefaktor	Anzahl mal Gütefaktor
Wasserassel	11	2,5	
Bachflohkrebs	4	2	
Zuckmückenlarve	70	3,5	
Schneckenegel	3	2	
Rollegel	8	2,5	
Weißer Strudelwurm	1	2	
Mützenschnecke	6	2,5	
Posthornschnecke	3	2	
Schlammschnecke	12	2,3	
Wandermuschel	1	2,2	
Summe			
Gewässergüte		geteilt durch	

1 Fachleute für Wassergüte

Berechnet die ► Gewässergüte des Hengsteysees. Bewertet die Qualität. Vergleicht mit dem Ergebnis eures Bestimmungsspiels. Vergleicht diese Ergebnisse später mit euren eigenen Gewässeruntersuchungen.

2 Planktonfischer

a) Baue dein eigenes Netz für ► Plankton. Befestige dazu einen Feinstrumpf an einem Federballschläger.

b) Bestimme die Maschengröße deines Netzes und anderer Fanggeräte mithilfe von Millimeterpapier unter dem Binokular. Welche Tiere kannst du mit welchem Fanggerät fangen?

c) Besorgt euch Wasserflöhe und Salinenkrebse aus einer Zoohandlung. Kratzt den Belag von den Scheiben eines Aquariums ab. Setzt einen ► Heuaufguss an.
Seht euch diese Proben zunächst unter dem Binokular, dann auch unter dem Mikroskop an. Woran erkennt man die ► Algen, woran die Tiere im Plankton? Zeichnet sie.

Nylonstrumpf auf Millimeterpapier

d) Messt die Größe eurer Wasserlebewesen.

3 Pflanzenexperten

a) Besorge dir ein Bestimmungsbuch für Pflanzen. Versuche damit die Pflanzen am See auf der Themenseite zu bestimmen.
b) Sucht wild blühende Pflanzen und versucht sie zu bestimmen.
Manche Pflanzen sind ► Zeigerpflanzen. Sie verraten dir eine Menge über den Boden indem sie wachsen. Lies nach!

4 Verhaltensforscher

Beobachtet Wassertiere in einem Aquarium: Fangt sie z. B. aus eurem Schulteich, einem Tümpel oder besorgt euch Lebendfutter aus der Zoohandlung.
a) Beschreibt ihre ► Fortbewegung im Wasser. Sucht nach Fortbewegungsorganen.

Fuß des Gelbrandkäfers

Gelbrandkäfer

► Gewässergüte 36 ► Plankton 46
► Zeigerpflanzen 51
► Heuaufguss 37 ► Algen 32
► Fortbewegung im Wasser 35

b) Untersucht und beschreibt die ▶ Atmung unter Wasser:
Wer kommt immer an die Oberfläche (Waltyp), wer nie (Fischtyp)? Wer benutzt eine Atemröhre (Schnorcheltyp), wer taucht mit einem Luftvorrat (Tauchertyp)? Ordnet die Tiere nach diesen Typen. Messt und notiert die Tauchzeiten.

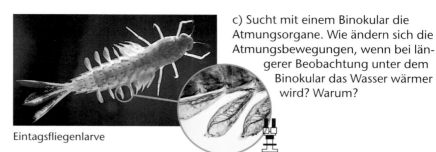

Eintagsfliegenlarve

Kiementracheen

c) Sucht mit einem Binokular die Atmungsorgane. Wie ändern sich die Atmungsbewegungen, wenn bei längerer Beobachtung unter dem Binokular das Wasser wärmer wird? Warum?

5 Expertenkonferenz

8 Dann gibt es bloß eine Algenblüte! Haufenweise neue Algen entstehen, alle wollen ans Licht. Viele schaffen das nicht, auch ich bekomme kein Licht mehr ab. Wir werden alle zu Bakterienfutter!

1 Enten füttern find ich gut!

2 Ich auch! Je mehr Brot, desto mehr Entenkot, desto mehr zum Zersetzen. Da kann ich mich prima vermehren.

3 Dann gibt's im Wasser bald keinen Sauerstoff mehr, den verbrauchst du doch, wenn du Stoffe zersetzt!

7 Ich mach das schon mit dem Sauerstoff, solange genug Licht da ist, das Wasser klar bleibt und die Bakterien mir Nährstoffe liefern.

6 Außerdem, was will dein Papi räubern, wenn alles erstickt ist?

5 Du spinnst wohl! Ich habe keine Lust zu ersticken, und wenn es mich nicht gibt, was wird dann aus uns Käfern?

4 Das ist mir egal! Sauerstoff hole ich mir aus der Luft. Was Essbares ist mir wichtig. Ich bin Räuber von Beruf.

Labels: Unterwasser-Pflanze · Ente · Bakterie · Alge · Fisch · Wasserfloh · Wasserkäfer-larve · Wasserkäfer

Diskussionskarte
▶ Eingriffe des Menschen: Füttern von Enten

a) Diskutiert ▶ Eingriffe des Menschen und Gefahren für den Lebensraum Wasser.
Schreibt dazu den Eingriff auf eine Diskussionskarte und überlegt, welche Lebewesen davon betroffen sind. Diese Lebewesen sollen durch Experten und Expertinnen auf eurer Konferenz vertreten sein (▶ Expertenvortrag). Diskutiert das Problem aus der Sicht der Betroffenen.

Andere Diskussionsvorschläge:
– Flüsse werden begradigt
– Pflanzengifte gelangen in einen See
– Abwasser wird eingeleitet
– Ein Staudamm wird gebaut

b) Wer frisst wen? Ordnet die Konferenzteilnehmer und Konferenzteilnehmerinnen zu einer ▶ Nahrungskette.

▶ Atmung unter Wasser 33
▶ Expertenvortrag 35
▶ Eingriffe des Menschen 34
▶ Nahrungskette 43

Im Wasserlabor!

Die chemischen Untersuchungen von Wasserproben müsst ihr vorher ausprobiert haben, damit sie beim Projekt draußen auch gleich klappen.

⚠ Beachtet die Sicherheitshinweise in euren Testanleitungen!

1 Sauerstoff im Wasser

a) Wie viel Sauerstoff enthält das Wasser?
Notiert die Temperatur der Proben und bestimmt den ▶ Sauerstoffgehalt mit einem Sauerstofftest. Beachtet die Testanleitung und die Sicherheitshinweise!
In welcher Probe könnten Lebewesen den meisten Sauerstoff finden?

Leitungswasser kalt

Leitungswasser abgekocht

Leitungswasser warm

Wasser aus Aquarium

b) Kommt Sauerstoff aus der Luft ins Wasser?
Verwende abgekochtes Wasser. Prüfe mit dem Sauerstofftest, welche Probe wieder Sauerstoff aufgenommen hat. Wo in der Natur spielt das „Schütteln" eine Rolle?

abgekochtes Wasser randvoll geschlossen

abgekochtes Wasser randvoll offen

abgekochtes Wasser geschüttelt

abgekochtes Wasser in Schüssel

c) Wer stellt Sauerstoff her?
Stelle das Gefäß mit den Wasserpflanzen in die Sonne oder an ein helles Fenster. Prüfe das aufgefangene Gas mit der ▶ Glimmspanprobe (▶ Fotosynthese).

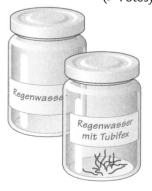

Regenwasser

Regenwasser mit Tubifex

Regenwasser mit Wasserflöhen

Regenwasser mit Stroh aus Heuaufguss

d) Wer verbraucht Sauerstoff?
Bestimme bei Versuchsbeginn die Temperatur und den Sauerstoffgehalt in den Gläsern. Berechne die ▶ Sauerstoffsättigung.
Wiederhole die Messungen und Berechnungen nach zwei Tagen. Vergleiche die Ergebnisse.

▶ Sauerstoffgehalt 46   ▶ Glimmspanprobe 37   **16**   ▶ Fotosynthese 36   ▶ Sauerstoffsättigung 46

2 Weitere Stoffe im Wasser

a) Stelle Lösungen her und probiere deine Tests aus. Untersuche auf
► Ammonium, ► Nitrit, ► Nitrat und
► Phosphat.
Welche dieser Stoffe findest du in Regenwasser und in einer Lösung von Blumendünger?

Es gibt verschiedene Testverfahren.
Führe deine Wassertests genau nach ihren beiliegenden Anleitungen durch.

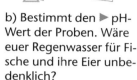

A Leitungswasser
B + 1 Tropfen Ammoniumchlorid ⚠
C + 1 Tropfen Natriumnitrit ⚠
D + 1 Tropfen Eisen-III-Nitrat ⚠
E + 1 Tropfen Natriumhydrogenphosphat

Leitungswasser
Leitungswasser + Essig
Regenwasser

b) Bestimmt den ► pH-Wert der Proben. Wäre euer Regenwasser für Fische und ihre Eier unbedenklich?

c) Wie hoch ist die ► Wasserhärte in Leitungswasser, Mineralwasser und Regenwasser? Wo spielt sie eine wichtige Rolle?

3 Schädliche Stoffe im Bodenschlamm

a) Untersucht den Einfluss von
► Schadstoffen auf das Wachstum von Kresse.
Sät je 100 Samen ein. Vergleicht die Anzahl der gekeimten Pflanzen, die Wuchshöhe und die Blattfärbung. Was fällt euch auf?

Kresse auf Blumenerde, Watte, Motoröl und Kupfersulfat ⚠

b) Überlegt euch, welche weiteren gefährlichen Stoffe im Schlamm sein könnten. Untersucht mit dem Kressetest.

4 Schlamm– und Wasserproben aus verschiedenen Wassertiefen!

a) Entnehme mit dem Glasröhrchen nacheinander Proben aus jeder Schicht. Fülle sie in drei verschiedene Gläser.

b) Baue ein Gerät, um Proben aus verschiedenen Wassertiefen zu gewinnen. Schreibe eine Anleitung zum richtigen Gebrauch dieses Geräts.

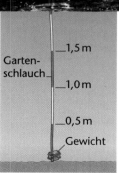

Gartenschlauch
— 1,5 m
— 1,0 m
— 0,5 m
Gewicht

► Ammonium 32   ► Nitrit 44   ► Nitrat 44   ► Phosphat 45   ► pH-Wert 45
► Wasserhärte 50   ► Schadstoffe 47

Am See: Untersuchung eines stehenden Gewässers

⚠ Beachtet die Sicherheitshinweise in euren Testanleitungen!

Vergesst nichts, sonst müsst ihr wieder zurücklaufen!

1 Genau beobachten

Verschafft euch zunächst einen Überblick über euer Gewässer, das Ufer und die nähere Umgebung. Fertigt eine Skizze von diesem Gewässer an oder nutzt eine Karte. Haltet darin eure ersten Beobachtungen fest. Prüft, ob alle Gewässerzonen des ► Lebensraums See zu sehen sind.

2 Erste Wasserbeurteilung vor Ort

Schöpft mit einem sauberen Glas etwas Wasser ab. Welche Farbe hat das Wasser? Wie trüb ist es, wie riecht das Wasser? Fällt euch etwas Besonderes auf?

Probe 5
Weiden- und Erlenzone

Probe 3
Schilfzone

Probe 2
Uferzone

3 Proben entnehmen

a) Füllt eure Probenflaschen an verschiedenen Uferstellen randvoll (!) mit Wasser und verschließt die Flasche luftdicht. Messt die Wassertemperatur, notiert den Wert auf dem Etikett der Probenflasche, markiert die Entnahmestelle auf der Gewässerskizze.

b) Entnehmt Proben aus verschiedenen Wassertiefen, behandelt sie genauso wie die Uferproben. Notiert die Wassertiefe.

c) Nehmt Schlammproben mit in die Schule. Untersucht sie mit dem Kressetest auf ► Schadstoffe.

Wasserprobe: 3
Tiefe: 2,5 m
Temperatur: 18 °C

4 Stoffe im Wasser testen

Führt die Wassertests möglichst gleich vor Ort durch.
a) Bestimmt zuerst den ► Sauerstoffgehalt der Wasserproben und berechnet die ► Sauerstoffsättigung.
b) Nehmt euch dann die anderen Wassertests vor. Protokolliert die Ergebnisse.

Probe	Farbe	Trübung	Geruch	Temperatur (°C)	O₂-Gehalt (mg/l)	O₂-Sättigung (%)	Ammonium (mg/l)	Nitrit (mg/l)	Nitrat (mg/l)	Phosphat (mg/l)	pH-Wert	Gesamthärte (°dH)
1												
2												
3												

► Lebensraum See 41

► Schadstoffe 47   ► Sauerstoffgehalt 46
► Sauerstoffsättigung 46

5 **Pflanzen in und am Gewässer suchen und bestimmen**

Sucht Pflanzen aus allen Zonen des Gewässers. Achtet darauf, dass ihr in der Schilf- und Schwimmblattzone keine ▶ geschützten Pflanzen sammelt. Bestimmt sie mit einem Bestimmungsbuch.

⚠ ▶ Geschützte Pflanzen dürfen nicht mitgenommen werden!

Protokolliert, welche Pflanzen ihr in welcher Zone gefunden habt.
Mit dem Planktonnetz könnt ihr mikroskopisch kleines ▶ Plankton aus dem freien Wasser ausfiltern und zur genaueren Untersuchung in die Schule mitnehmen.
Prüft, ob ihr ▶ Zeigerpflanzen gefunden habt.

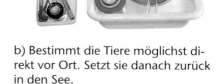

6 **Wassertiere fangen und bestimmen**

a) Fangt kleine Wassertiere. Sammelt alle Tiere, die an der Wasseroberfläche oder im freien Wasser leben, in einer Plastikwanne. Tiere, die an Wasserpflanzen, unter Steinen oder Holzstücken oder im Boden leben, kommen in eine zweite Wanne.
Gebt diesen Tieren Versteckmöglichkeiten (Steine, Holz, Wasserpflanzen) mit in die Wanne.

b) Bestimmt die Tiere möglichst direkt vor Ort. Setzt sie danach zurück in den See.

⚠ ▶ Geschützte Tiere dürfen nicht mitgenommen werden!

c) Berechnet die ▶ Gewässergüte!

Probe 4
Schwimmblatt-Zone

Ufernahe Zone

Probe 1
Freie Wasserzone

Tauchblattzone

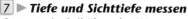

7 ▶ **Tiefe und Sichttiefe messen**

Spannt ein Seil über das Wasser und messt in regelmäßigen Abständen die Wassertiefe und Sichttiefe des Sees. Erstellt mit euren Messdaten ein Profil des Gewässers (▶ Kartierung).
Übrigens: Ohne Boot kann man auch von Brücken oder Stegen aus messen.

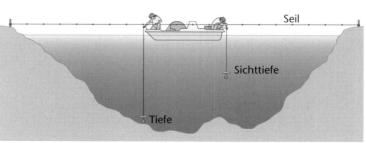

Seil

Sichttiefe

Tiefe

▶ geschützte Pflanzen und Tiere 36   ▶ Plankton 46   ▶ Zeigerpflanzen 51   ▶ Gewässergüte 36
▶ Tiefe und Sichttiefe 48   ▶ Kartierung 38

Am Bach: Untersuchung eines fließenden Gewässers

Bereitet für die Untersuchungen A bis E jeweils eine Materialkiste vor.

1 Verschafft euch einen Überblick

Skizziert den Bachverlauf, zeichnet auch die Umgebung mit ein. Achtet auf Einleitungen! Was ist typisch für den ▶ Lebensraum Bach?

2 Organisiert eure Bachuntersuchung

Teilt euren Bach in die Abschnitte 1 bis 5 ein. Bildet für jeden Abschnitt eine Untersuchungsgruppe.
Jede Gruppe untersucht ihren Abschnitt in einer eigenen Reihenfolge. Wenn ihr nach dem Untersuchungsplan vorgeht, könnt ihr abwechselnd die verschiedenen Materialkisten benutzen.

Untersuchungsplan

Gruppe	Reihenfolge der Untersuchungen
1	A B C D E
2	B C D E A
3	C D E A B
4	D E A B C
5	E A B C E

Untersuchung A:
Tiere im Bach suchen und bestimmen! Daraus die ▶ Gewässergüte berechnen

Materialkiste A:
Tiere bestimmen
– Fanggeräte: Kescher, Teesieb, Pinsel, Löffel
– Sammelgefäße/Aufbewahrung: weiße Plastikwanne und Schälchen, Marmeladengläser
– Untersuchung: Glasschälchen, Pinzette, Lupen, Binokular
– Bestimmung: Bestimmungsbücher

Bachabschnitt Gruppe 1

Untersuchung B:
Pflanzen suchen und bestimmen

Sucht Pflanzen im Bach, an den Uferböschungen und in einem ca. 10 m breiten Streifen rechts und links vom Bach. Bestimmt die Pflanzen! Achtet auf ▶ Zeigerpflanzen.

Bachabschnitt Gruppe 2

Materialkiste B:
Pflanzen bestimmen
– Bestimmungsbücher
– Maßband

Pflanzenbestimmung:				
10 m Streifen links	linkes Ufer	im Bach	rechtes Ufer	10 m Streifen rechts

▶ Lebensraum Bach 40   ▶ Gewässergüte 36   ▶ Zeigerpflanzen 51

Untersuchung E:
Ausmessung und ▶ Kartierung des Bachprofils

Im Bereich des Bachwassers muss die Lotlänge zweimal bestimmt werden: bis zur Wasseroberfläche und bis zum Bachgrund.
Legt eine Tabelle nach folgendem Muster an und tragt eure Messwerte ein!

Materialkiste E:
Kartierung Bachprofil
– Messlatte oder Seil (mit Markierungen alle 10 cm)
– 2 Pflöcke (angespitztes Holz), Hammer („Fäustel")
– Wasserwaage
– Lot (Schnur mit Gewicht), Zollstock

Bachabschnitt Gruppe 5

Messpunkt Nr.	Entfernung von Null	Länge des Lotes zum Ufer/Bachgrund	Länge des Lotes zur Wasseroberfläche	Wassertiefe
1	0 cm	0	0	0
2	10 cm	?	?	?
3	20 cm	?	?	?
4	usw.			
5				

Untersuchung D:
Die ▶ Fließgeschwindigkeit mit Papier, Holz und Kreide messen

Messt eine Bachstrecke von 10 m Länge ab. Markiert Anfang und Ende. Werft zuerst das Kreidepulver am Beginn eurer Strecke ins Wasser. Stoppt die Zeit, bis die Kreide am Ende der Teststrecke angekommen ist. Wiederholt den Versuch mit Holzspänen und Korken. Vergleicht die Geschwindigkeiten.

Materialkiste D:
Fließgeschwindigkeit
– Maßband (10 m), Stoppuhr
– Küchenreibe und Tafelkreide
– Holzstückchen, Korken evtl. Papierschiff

Bachabschnitt Gruppe 4

Fließgeschwindigkeit:
Papier:	10 m in	? s =	? m/s
Holz:	10 m in	? s =	? m/s
Kreidepulver:	10 m in	? s =	? m/s

Wie viel Wasser transportiert der Bach pro Tag?
Ist der Bach an einer Stelle verrohrt, dann stellt einen 10-Liter-Eimer unter den Rohrausfluss. Stoppt die Zeit bis er überläuft. Berechnet euer Ergebnis für einen ganzen Tag.

Untersuchung C:
Das Bachwasser im Wassertest.
Entnehmt Wasser- und Schlammproben für die Untersuchung auf ▶ Schadstoffe.

Führt mit euren Schlammproben den Kressetest durch!

Bachabschnitt Gruppe 3

Materialkiste C:
Chemische Wasseranalyse
– Marmeladengläser mit Deckel
– Thermometer
– Sauerstofftest mit Schutzbrille
– Weitere Tests: Ammonium, Nitrat, Phosphat, pH-Wert, Wasserhärte
– Restchemikalien-Sammelbehälter (Entsorgung in der Schule)

mein Bachabschnitt	Farbe	Trübung	Geruch	Temperatur (°C)	O$_2$-Gehalt (mg/L)	O$_2$-Sättigung (%)	Ammonium (mg/L)	Nitrit (mg/L)	Nitrat (mg/L)	Phosphat (mg/L)	pH-Wert	Gesamthärte (°dH)
1												
2												
3												
4												

Alles fließt

„Lasse die Gedanken fließen …
eine Mind-Map entsteht"

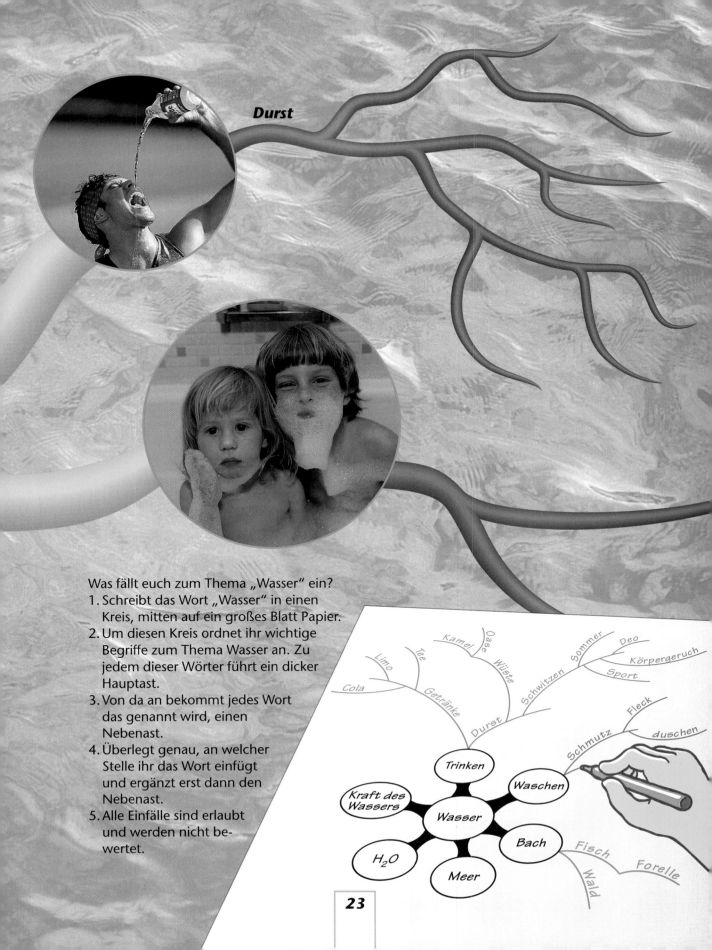

Durst

Was fällt euch zum Thema „Wasser" ein?

1. Schreibt das Wort „Wasser" in einen Kreis, mitten auf ein großes Blatt Papier.

2. Um diesen Kreis ordnet ihr wichtige Begriffe zum Thema Wasser an. Zu jedem dieser Wörter führt ein dicker Hauptast.

3. Von da an bekommt jedes Wort das genannt wird, einen Nebenast.

4. Überlegt genau, an welcher Stelle ihr das Wort einfügt und ergänzt erst dann den Nebenast.

5. Alle Einfälle sind erlaubt und werden nicht bewertet.

Cola
Limo
Tee
Kamel
Oase
Wüste
Schwitzen
Sommer
Deo
Körpergeruch
Sport
Getränke
Durst
Fleck
duschen
Schmutz

Trinken

Waschen

Kraft des Wassers

Wasser

Bach

H₂O

Fisch
Forelle
Wald

Meer

23

Wasserteilchen – gemeinsam sind sie stark

1 Kurz vorgestellt

Moleküle des ▶ Wassers sind so klein, dass man sie selbst mit den besten Mikroskopen nicht sehen kann. Ein Modell hilft, sich den Aufbau der Wasserteilchen vorzustellen:

a) Das Modell zeigt, dass Wassermoleküle aus noch kleineren Teilchen bestehen. Finde heraus, wie sie heißen.

b) Baue ein Modell des Wassermoleküls und beschrifte die Teile.

c) Die chemische Formel für Wasser ist ▶ H_2O. Was bedeutet das?

2 Sie halten zusammen

a) Decke ein volles Wasserglas dicht mit einem feinen Netz oder einem Stofftaschentuch ab. Drehe das Glas um. Erkläre deine Beobachtungen.

b) Schätze, wie viele Büroklammern du in ein randvolles Glas mit Wasser hineinwerfen kannst, bis es überläuft. Probiere es.

c) Lege eine Büroklammer vorsichtig auf eine Wasseroberfläche. Warum geht sie nicht unter? Gib einen Topfen Spülmittel ins Wasser. Was geschieht?

d) Wiederhole die Versuche a) und b) mit etwas Spülmittel im Wasser. Welchen Einfluss hat dieses Mittel auf die ▶ Kräfte zwischen Wasserteilchen?

3 Sie halten fest

Gib einige Wassertropfen zwischen zwei sorgfältig gereinigte Glasplatten. Presse sie kurz zusammen. Versuche, die Platten auseinanderzuziehen. Welche ▶ Kräfte wirken hier?

4 Sie stoßen ab

Wasser auf einer Wachsfläche: Welche ▶ Kräfte wirken hier?

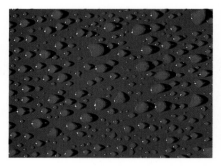

5 Sie ziehen hoch

a) Stelle ein Alpenveilchen in Wasser mit Tinte. Untersuche einen Stängelquerschnitt.

b) Tauche sehr dünne Glasröhren in gefärbtes Wasser. Welchen Einfluss hat die Dicke der Röhrchen?

c) Erkläre den Anstieg des Wassers durch das Zusammenwirken der verschiedenen ▶ Kräfte zwischen Wasserteilchen?

Viel Wasser, viel Kraft

1 Gebändigte Kräfte

a) Nenne Beispiele dafür, dass die Kräfte des Wassers die Gestalt der Erdoberfläche verändern.

b) Finde Beispiele für die Nutzung der Wasserkraft durch den Menschen. Wie hat das Wasser den Menschen die ► Arbeit erleichtert?

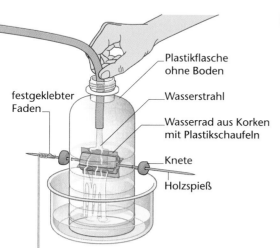

festgeklebter Faden

Plastikflasche ohne Boden

Wasserstrahl

Wasserrad aus Korken mit Plastikschaufeln

Knete

Holzspieß

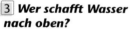

50 g Gewicht

2 Wasser arbeitet

Gewichtheben mit einem Wasserstrahl:

a) Gieße jeweils die gleiche Menge Wasser in den Trichter. Verändere die Höhe des Trichters in 10 cm-Schritten. Wie hoch wird das Gewicht jeweils gehoben?

b) Fülle den Behälter einmal voll und einmal nur zur Hälfte. Gieße beide Male bei gleicher Höhe das Wasser in den Trichter. Wie weit wird die Last jeweils gehoben?

c) Worauf müsstest du beim Bau eines ► Wasserkraftwerks achten?

Wassermenge Last	1,5 l 50 g
Fallhöhe des Wassers	Gehobene Strecke
10 cm	
20 cm	
30 cm	
40 cm	
50 cm (voll)	
50 cm (halbvoll)	

3 Wer schafft Wasser nach oben?

a) Lasse das Wasser von unten nach oben in die Tasse wandern. Stelle die Schüssel dazu auf eine sonnige Fensterbank.

b) Überlege, wie der Vorgang in der Natur abläuft. Erkläre, warum man ihn ► „Kreislauf des Wassers" nennt. Welche Wassermengen durchlaufen täglich diesen Kreislauf?

c) Woher kommt die notwendige ► Energie? Welche Energieumwandlungen finden statt?

4 Zu viel des Guten

Manchmal werden schwere ► Schäden durch Wasser angerichtet. Welche Katastrophen sind dir bekannt. Welche sind vermeidbar?

Wie können sich Menschen gegen die Kraft des Wassers schützen?

► Arbeit 32   ► Wasserkraftwerk 51   ► Kreislauf des Wassers 40   ► Energie 34
► Schäden durch Wasser 47

Ohne Wasser läuft nichts!

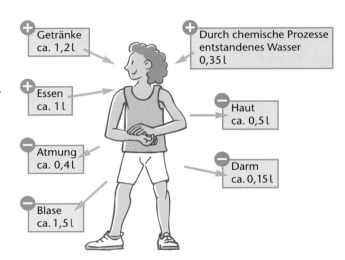

Getränke ca. 1,2 l

Durch chemische Prozesse entstandenes Wasser 0,35 l

Essen ca. 1 l

Haut ca. 0,5 l

Atmung ca. 0,4 l

Darm ca. 0,15 l

Blase ca. 1,5 l

1 Lebensmittel Wasser

Jeden Tag essen und trinken – muss das sein? Kannst du dir vorstellen, einige Tage Hunger oder ▶ Durst zu haben?

a) Schätze, wie viel Liter du am Tag trinkst. Ermittle nun die genaue Trinkmenge mit einem Messbecher. Trage die Werte in eine Tabelle ein.

b) Vergleiche, wie viel Wasser täglich vom Körper aufgenommen und wie viel wieder abgegeben wird.

b) Koche 10 g Nudeln. Gieße das überschüssige Wasser ab. Wie viel wiegen die gekochten Nudeln? Wie viel Wasser wurde aufgenommen?

c) Wie viel Flüssigkeit wird zugesetzt? Untersuche Fertiggerichte (Puddingpulver, Trockenpilze, usw.) aus der Tüte.

d) Wasser in Kartoffelchips? Spüre mit einem ▶ Wassernachweis verstecktes Wasser auf.

2 Kann man Wasser auch „essen"?

Stelle fest, wie viel Wasser in fester Nahrung enthalten ist.

a) Wiege 100 g Obst oder Gemüse ab. Schneide es in kleine Stücke und gib es dann in einen Mörser, um es noch weiter zu zerkleinern. Presse die Masse durch ein Tuch. Nun kannst du das Gewicht der festen und der flüssigen Bestandteile ermitteln.

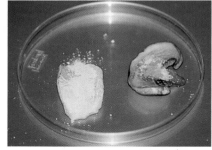

Wassernachweis mit Kupfersulfat ⚠

3 Wann hast du besonders viel Durst?

a) Wie verändert sich der ▶ Wasserhaushalt deines Körpers an einem heißen Sommertag?

b) Welchen Sinn hat das Schwitzen? Überlege.

c) An einem heißen Tag etwas Kaltes trinken – das tut gut. Stelle das Getränk in eine Schale Wasser, stülpe einen angefeuchteten Tontopf darüber. Platziere diesen „Kühlschrank" in der Sonne. Kontrolliere die Temperatur im „Kühlschrank" und die Wassermenge in der Schale. Wie kannst du deine Beobachtungen erklären? Vergleiche sie mit dem Vorgang des Schwitzens.

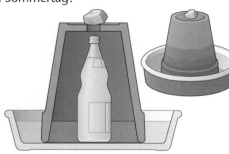

Ein Kühlschrank – ohne Strom!

▶ Durst 33   ▶ Wasserhaushalt 50   ▶ Wassernachweis 51

Der Wasserkreislauf im Menschen

Untersuche die Rolle des Wassers bei der Ernährung.
In den folgenden Versuchen stellen die Erdnüsse eine Mahlzeit dar. Als Beispiel für Nährstoffe soll Fett herausgelöst und mit der ▶ Fettfleckprobe nachgewiesen werden.

Überlege bei jedem Versuch, wo in deinem Körper ähnliche Vorgänge bei der ▶ Verdauung ablaufen.

Für die folgenden Versuche brauchst du:
Messbecher mit 1 l Wasser, Erdnüsse, großen Mörser, großes Becherglas, große flache Schale, kleines Becherglas, feines Küchensieb, Filter, Aktivkohle, 1 Blatt Papier.

1 Zerreibe Erdnüsse im Mörser zu Brei. Gib 150 ml Wasser dazu. Geht es mit dem Wasser besser?

2 Gib das Gemisch in ein großes Gefäß, fülle mit 350 ml Wasser auf und rühre gründlich.

3 Gib das Gemisch in eine flache Schale und gieße noch 300 ml Wasser dazu. Warte einige Minuten und nimm dann mit einem Blatt Papier das Fett ab.

4 Gieße einen Teil der Flüssigkeit vorsichtig in ein Becherglas (ohne den Erdnussbrei). „Verschmutze" sie mit einem Tropfen Tinte. Stelle dieses Becherglas zur Seite. Du brauchst es gleich wieder.

5 Trenne mit einem Sieb das Wasser aus der Schale vom Brei. Wirf den übrig gebliebenen Brei fort. Das Wasser kommt jetzt ebenfalls in das Becherglas mit dem Tintenwasser.

Mundspeichel 1,5 l pro Tag
Die Nahrung wird zerkleinert und mit Speichel verdünnt.

Magensaft 1,5 – 2 l.

Gallenflüssigkeit 0,5 l
Bauchspeicheldrüse 1,5 l
Dünndarmsaft 3 l
Über die große Oberfläche des Darms gelangen die Nährstoffe ins Blut.

Im Dünndarm und im Dickdarm wird den unverdaulichen Resten der größte Teil des Wassers entzogen und ins Blut zurückgegeben. Im Mastdarm wird der verdickte Brei gesammelt, bevor er als Kot ausgeschieden wird.

In Blutgefäßen werden gelöste Nährstoffe in alle Teile des Körpers transportiert. Dort entstehende Abfallstoffe bringt das Blut zur Niere.

Die ▶ Nieren filtern das gesamte Blut etwa 300-mal am Tag. Dabei werden mit den Abfallstoffen auch große Mengen Wasser ausgefiltert, die aber von den Nieren sofort zurück ins Blut gegeben werden. Nur ein kleiner Teil wird in die Harnblase geleitet.

In der Harnblase wird der Harn (▶ Nieren) gesammelt und ausgeschieden.

6 a) Gieße den Inhalt des Becherglases in einen Filter. Ist er fein genug, um das Wasser wieder zu säubern? Verbessere das Ergebnis, indem du vor dem Filtern Aktivkohle in die Flüssigkeit rührst.

AKTIV-KOHLE

b) Gib das gefilterte Wasser zurück in den Messbecher. Jetzt kannst du erneut zerriebene Erdnüsse damit verdünnen.
Ein kleiner Rest von etwa einem Teelöffel wird weggegossen.

▶ Fettfleckprobe 35   ▶ Verdauung 49   ▶ Nieren 44

Ab in den Gulli

Das meiste, was wir trinken, landet schließlich in der Toilette. Aber auch Essensreste, Abwaschwasser und vieles mehr wird per Tastendruck in die ► Kanalisation gespült.

[1] Schreibe auf, was bei euch zu Hause alles in der ► Kanalisation landet.

Abfallstoffe	Ort
Urin	Klo
Spülwasser	Küche
Duschwasser	Bad

[2] **Woher kommt der Dreck sonst noch?**
Bildet Vierergruppen. Überlegt, in welchen Bereichen Abwasser anfällt. Bastelt Bereichskarten und legt sie verdeckt auf den Tisch. Wählt jemanden zum „Wächter". Mit dem Aufdecken einer Karte bestimmt er den Bereich, zu dem ihr Verschmutzungsstoffe nennen sollt. Jeder Mitspieler bzw. jede Mitspielerin hat 5 Sekunden Zeit für seine Antwort, dann ist der nächste dran. Das Spiel ist beendet, wenn keinem in der Runde mehr etwas einfällt. Jede richtige Antwort ist ein Punkt. Der „Wächter" zählt die Punkte. Wer die meisten Punkte hat, gewinnt das Spiel.

[3] **Auf dem Weg zur Kläranlage**
Gehen alle Abwässer in den gleichen Kanal? Beschreibe ihren Weg.

Baue dir eine Mini-► Kanalisation. Gib folgende Stoffe in ein Becherglas: Abwaschwasser, Zahnpasta, Klopapierschnipsel, kleine Blätter und Zweige, etwas Öl, Zigarettenkippen, Q-Tips, etwas Waschmittel, Spülmaschinenreiniger, Sand, Erde, Straßenschmutz und Flüssigdünger.

[4] **Die Kläranlage im Becherglas**
Klärstufe 1
Grobe Bestandteile, aber auch Fette und Öle werden in der mechanischen Reinigungsstufe einer ► Kläranlage entfernt.

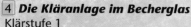

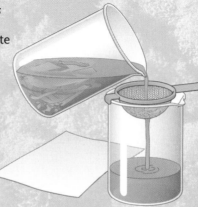

Euch stehen für die Reinigung ein Sieb, Löschpapier und ein zweites Becherglas zur Verfügung. Das Löschpapier darf nicht als Filter verwendet werden.
Beschreibt, wie ihr die verschiedenen Stoffe entfernen konntet.
Informiert euch, wie die mechanische Reinigungsstufe einer ► Kläranlage funktioniert.
Wie viel Prozent der Verschmutzung kann sie beseitigen?

5 *Weiter geht's in der biologischen Reinigungsstufe*

Klärstufe 2

Jetzt ist das Wasser schon sauberer. Gelöste ▶ Nitrate müssen aber noch entfernt werden. Finde heraus, warum diese Reinigungsstufe „biologisch" heißt (▶ Kläranlage). Woher kommen die Nitrate? Schreibe auf, welche Stoffe hier noch entfernt werden. Wie entsteht hier Klärschlamm?

Belebungsbecken

6 *Ab in die „chemische Reinigung"*

Klärstufe 3

Das Wasser ist wieder etwas sauberer. Unsichtbarer Dreck versteckt sich aber noch darin: In der Becherglas-Kläranlage müssen die gelösten Phosphate des Blumendüngers und des Spülmaschinenreinigers entfernt werden.
Gebt drei Siedesteine in dieses Abwasser. Erhitzt es vorsichtig. Füllt ein Reagenzglas zur Hälfte mit Leitungswasser. Gebt drei Spatel Eisen-III-Chlorid ⚠ hinzu. Verschließt es mit einem Stopfen und schüttelt kräftig. Gebt mit einer Pipette einige Tropfen dieser Lösung zum Abwasser. Was geschieht?

Informiert euch, wie viel Prozent der ▶ Phosphate in den Kläranlagen „herausgefällt" werden kann. Gibt es andere Möglichkeiten die ▶ Phosphate aus dem Abwasser herauszubekommen? Was geschieht mit dem Schlamm?

Absetzbecken

7 *Der Dreck ist nicht weg*

Ihr merkt, wie mühsam es ist Abwasser zu reinigen. Von der dritten Klärstufe fließt das Wasser direkt in den nächsten Fluss.
Zurück bleibt jede Menge Schlamm. Er wird in der ▶ Kläranlage weiter verarbeitet.
Schaut euch noch einmal genau an, wie der Dreck in den einzelnen Klärstufen aus dem Wasser geholt wird. Überlegt euch, welche Gifte im Klärschlamm enthalten sein könnten und welche Probleme die Kläranlagen damit haben.

Faultürme

8 *Ein Besuch im Klärwerk*

Sicher gibt es auch in eurer Nähe ein Klärwerk. Ein Ausflug dorthin lohnt sich. Was ihr dort seht, funktioniert nicht viel anders als eure Tischkläranlage. Nur, alles ist viel größer.
Fragt danach: Wie viel Abwasser entsteht jeden Tag in eurer Stadt?
Wie könnt ihr schon zuhause Abwasser sparen?
Könnt ihr das geklärte Wasser schon trinken?

9 *Wer klärt hier?*

Wie arbeitet eine ▶ Pflanzenkläranlage? Welche Pflanzen eignen sich besonders gut? Warum gibt es nicht nur Pflanzenkläranlagen? Vielleicht gibt es in eurer Nähe eine Pflanzenkläranlage. Erkundigt euch.

Die Pflanzen werden gemäht und kompostiert. So gelangen Stoffe, wie Nitrate und Phosphate, zurück in den ▶ Stoffkreislauf der Natur.

▶ Nitrat 44   ▶ Kläranlage 39   ▶ Phosphat 45   ▶ Pflanzenkläranlage 45   ▶ Stoffkreislauf 48

Sauberes Wasser = Trinkwasser?

1 Im Wasserwerk

Schülerin: „Ist das das saubere Wasser, aus der Kläranlage?"
Wasserwerker: „Das Wasser, das wir hier zu Trinkwasser aufbereiten, kommt nicht aus der Kläranlage, sondern aus dem Grundwasser."
Schülerin: „Kann man das Grundwasser trinken?"
Wasserwerker: „Leider nicht!"
Findet heraus, wie und wo bei euch das ▶ Trinkwasser „hergestellt" wird?

2 Der Boden reinigt

Aus Regenwasser wird Grundwasser. Wie das geschieht könnt ihr mit einem Modell der Bodenschichten ausprobieren. Baut das nebenstehende Modell nach. Gebt einen Löffel Erde vom Schulhof in ein Glas mit Wasser, rührt kräftig um und gießt das schmutzige Wasser oben in euer Modell. Beobachtet genau, was auf dem Weg durch die „Bodenschichten" geschieht.
Fragt im Wasserwerk aus welcher Tiefe bei euch das Grundwasser gewonnen wird.

3 Ist sauber, was sauber aussieht?

Auch das könnt ihr ausprobieren. Als Ersatz für giftige Inhaltsstoffe wie z. B. Düngemittel und Pflanzenschutzmittel nehmt ihr Kochsalz und Tinte. Füllt zwei Gläser mit Wasser. In das eine Glas gebt ihr ein paar Tropfen Tinte, in das andere einen viertel Teelöffel Salz.

a) Probiert aus, ob ihr die Verschmutzungen mit dem Bodenschichtmodell beseitigen könnt.

b) Welche Verschmutzung lässt sich durch filtrieren mit Aktivkohle entfernen?

c) Schmeckt das Wasser noch salzig? Dann bleibt nur das Verdünnen!

4 Klein aber oho!

Ein anderes Problem sind Keime und Bakterien im Wasser. Diese können durch Abkochen abgetötet werden. Überlege, warum diese Methode bei der ▶ Trinkwasserversorgung nicht angewendet wird.
Übigens: Das Wasser in Schwimmbädern muss auch ständig von Keimen und Bakterien gereinigt werden. Erkundige dich, welche Mittel im Schwimmbad und welche im Wasserwerk eingesetzt werden, um das Wasser keimfrei zu halten!"

▶ Trinkwasser 48   ▶ Trinkwasserversorgung 49

5 Lebende Messgeräte?

Wasserwerker: „Natürlich wird das Wasser regelmäßig im Labor untersucht. Aber genauso wichtig ist es, was unsere Wasserflöhe uns erzählen." (▶ Biotest)
Überlege, was der Wasserwerker damit meint!

6 Wasser pur?

Schülerin: „Also, das Wasser ist jetzt völlig clean?"
Wasserwerker: „Trinkbar ist es jetzt. Aber völlig clean ist es nicht. Es enthält noch einige Inhaltsstoffe, die aber nicht gesundheitsschädlich sind."

Dampfe auf einem Esslöffel mehrmals hintereinander Trinkwasserproben ein. Was fällt dir auf? Welche Inhaltsstoffe enthält Trinkwasser? Welcher Stoff ist entscheidend für die ▶ Wasserhärte?

Wo findet man ganz weiches Wasser?
Wo findet man ganz hartes Wasser?
Was ist besser? Hartes oder weiches Wasser?

7 Qualität – Tropfen für Tropfen

a) Wie lange dauert bei dir das Zähne putzen? Wie viel Wasser läuft in dieser Zeit aus dem Hahn, wenn du ihn nicht abstellst? Finde eine Möglichkeit, wie du die Wassermenge bestimmen kannst.

b) Wie viel Wasser kann man in einer Woche, einem Monat, einem Jahr sparen, wenn man während des Putzens den Wasserhahn immer zudreht?

c) Wie groß ist dein ▶ Wasserverbrauch beim Baden, Duschen, Toilette, Spülen, Waschen im Bad, Zähne putzen, Kochen?"

Aufgabe:
Ein undichter Wasserhahn verliert zwei Tropfen pro Sekunde. Ein Tropfen entspricht 0,05 ml. Wie viel Trinkwasser geht so pro Tag, pro Monat und pro Jahr verloren? Berechne.

8 Manchmal wird Wasser knapp

Bei uns zu Hause in Griechenland herrscht im Sommer oft Wassermangel. Die Menschen bekommen dann nur stundenweise Wasser!

Wie wäre es bei uns in Deutschland, wenn nur noch zwischen 7–9 Uhr und 20–21 Uhr zu Hause und in der Schule Wasser aus dem Hahn kommen würde? Was würde sich verändern? Welche Folgen hätte das?

9 Was ist hier anders?

Überlege! Welche Auswirkung hat diese Art der Wasserversorgung auf den Wasserverbrauch in den Familien? Warum versorgen sich die Menschen hier auf diese Art mit Wasser? Welche Gefahren birgt eine solche ▶ Trinkwasserversorgung für die Menschen?

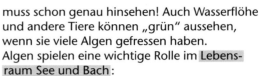

▶ Algen

Viele Algen sind mikroskopisch kleine Lebewesen im Plankton. Man bemerkt sie oft erst dann, wenn sie sich bei einer „Algenblüte" massenhaft vermehren und das Wasser wie grün gefärbt erscheint. Auch der dicke grüne Belag an Aquarienscheiben wird von Algen gebildet.

Erst unter der Lupe entdeckt man die Vielfalt der Algen. Viele bestehen nur aus einer einzigen Zelle (Einzeller), andere bilden Zellkolonien aus mehreren gleichartigen Einzelzellen, wieder andere enthalten viele verschiedene Zellen (Vielzeller). Algen können fest sitzen, schweben oder aktiv schwimmen.

Bei höheren Vergrößerungen im Mikroskop ist zu erkennen, dass die grüne Farbe (Blattgrün) wie bei allen Pflanzen in den Chloroplasten der Algenzellen steckt. Daran kann man Algen von den mikroskopisch kleinen Tieren aus dem Heuaufguss unterscheiden. Aber Vorsicht, man

Algenblüte

„Vielfalt der Algen"

muss schon genau hinsehen! Auch Wasserflöhe und andere Tiere können „grün" aussehen, wenn sie viele Algen gefressen haben.

Algen spielen eine wichtige Rolle im Lebensraum See und Bach:
– als Pflanze stehen sie am Beginn der Nahrungskette,
– sie produzieren Sauerstoff und entnehmen dem Wasser Kohlenstoffdioxid (Fotosynthese),
– sie sind an allen Stoffkreisläufen im Lebensraum beteiligt,
– sie zeigen die Gewässergüte an.

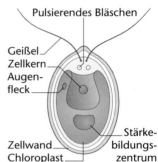

Pulsierendes Bläschen
Geißel
Zellkern
Augenfleck
Stärkebildungszentrum
Zellwand
Chloroplast

Einzellige Alge mit Chloroplast

▶ Ammonium (NH_4^+)

Ammonium ist ein ganz wichtiger Pflanzennährstoff. Fast alle Pflanzen benötigen ihn für ihr Wachstum. Gibt es mehr Ammonium in einem Gewässer, als die Pflanzen aufnehmen können, ist das Gewässer überdüngt.

So kann es ins Wasser kommen:
– aus Kläranlagen (z. B. beim Abbau von Urin),
– aus Überdüngung in der Landwirtschaft (z. B. als Gülle oder auch als Stickstoffdünger),

– beim Zersetzen organischer Stoffe im Stickstoffkreislauf (Stoffkreislauf).

Ammonium gehört zu den wichtigsten Stoffen, die eine Verschmutzung des Wassers anzeigen. Die gemessenen Werte einer Wasseruntersuchung geben wichtige Hinweise für die Beurteilung der Gewässergüte.

Aus Ammonium kann das giftige Nitrit entstehen.

Grenzwerte für Ammonium:
im Trinkwasser: max. 0,5 mg/l
in Fischgewässern: max. 0,5 mg/l
in Badegewässern: max. 0,1 mg/l

▶ Arbeit

Wenn du ein Gefäß mit Wasser oder eine andere Last anhebst, leistest du Arbeit. Du arbeitest offensichtlich umso mehr, je mehr Kraft du einset-

300 N
1 m
200 N
1,5 m

Heben eines Behälters

zen musst und je höher du die Last hebst. Im Alltag wird das Wort Arbeit mit allen möglichen Anstrengungen verbunden. Physiker dagegen sprechen von Arbeit nur dann, wenn Kräfte längs einer Strecke wirken. Das Heben von Lasten, die Hubarbeit, ist ein Beispiel dafür.

Ob Arbeit durch Maschinen oder Menschen geleistet wird, ist dabei nebensächlich. Entscheidend sind Kräfte und zurückgelegte

Strecken. Es ist damit möglich, Arbeit zu messen, zu berechnen und zu vergleichen:

Arbeit = Kraft · Weg
$$W = F \cdot s$$

Kraft wird in Newton (N), der Weg in Meter (m) gemessen. Daraus ergibt sich für die Arbeit die Einheit Newtonmeter (Nm). Weitere Einheiten sind Joule (J) oder Wattsekunden (Ws).

1 Nm = 1 J = 1 Ws

Ein Liter Wasser hat eine Gewichtskraft von ca. 10 N. Wenn du einen Liter Wasser um einen Meter anhebst, musst du eine Arbeit von

W = 10 N · 1 m = 10 Nm, das entspricht 10 Joule, aufbringen.

Arbeit kann gespeichert werden. Manche

Wasserkraftwerke befördern nachts riesige Mengen Wasser in ein hochgelegenes Speicherbecken. Tagsüber strömt das Wasser durch Generatoren und leistet damit Arbeit. Gespeicherte Arbeit heißt Energie.

Täglich werden Milliarden Tonnen Wasser durch Verdunstung in große Höhen „angehoben" (Kreislauf des Wassers). Die dafür notwendige Arbeit leistet die Sonne, die mit ihrer Energie die Erde erwärmt.

▶ Atmung unter Wasser

Wasserlebewesen brauchen genauso wie wir Sauerstoff (O_2) zum Atmen. Sie müssen damit klar kommen, dass Wasser viel weniger Sauerstoff enthält als unsere Atemluft. Einige Tiere lösen dieses Problem wie Taucher oder Schnorchler. Man kann sie daran erkennen, dass sie immer wieder zur Wasseroberfläche kommen.

Andere Wassertiere nehmen den Sauerstoff direkt aus dem Wasser auf. Schlammröhrenwürmer nehmen über die Haut (**Hautatmung**) Sauerstoff auf. Frösche decken so einen Teil ihres Sauerstoffbedarfs.

Kiemen sind die bekanntesten Atmungsorgane bei Wasserlebewesen. Alle Kiemen haben eine große Oberfläche. Bei Fischen liegen sie hinter den Kiemendeckeln im Inneren des Körpers (Innenkiemen). Andere Wassertiere z. B. Molchlarven haben Außenkiemen. Die Kiemen sind stark durchblutet, der aufgenommene Sauerstoff wird schnell zu den Organen abtransportiert. Auch Muscheln, Wasserschnecken und

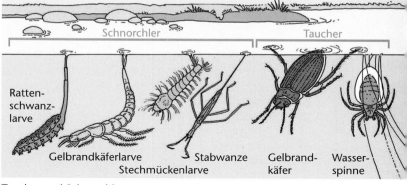

Taucher und Schnorchler

Krebse atmen mit Kiemen. Viele Wasserinsektenlarven atmen durch **Tracheenkiemen**. Das sind zarte, oft am Hinterleib sitzende Ausstülpungen der Haut, die büschelartig verzweigt oder auch wie kleine Blättchen aussehen können. In ihnen verzweigen sich feine gasgefüllte Röhrchen (Tracheen), in denen der aufgenommene Sauerstoff zu den Organen transportiert wird.

Eintagsfliegenlarve

▶ Biotest

Tiere und Pflanzen fühlen sich immer nur in einer bestimmten Umgebung wohl. Tiere bewegen sich viel weniger und viel langsamer, wenn sie in eine Umgebung kommen, in der sie sich nicht wohl fühlen.

Wasserflöhe lieben zum Beispiel sauberes Wasser. Gelangen sie in dreckiges Wasser, bewegen sie sich weniger (Gewässergüte). Messgeräte zeichnen auf, wie oft sich ein Tier in einer bestimmten Zeit bewegt.

▶ Durst

Es gibt kein Lebewesen, das auf Dauer ohne Wasser überleben kann. Schon 3 bis 4 Tage ohne Trinkwasser bringen einen Menschen in eine lebensbedrohliche Situation. Die Körperzellen können keine Schwankungen des Wassergehalts vertragen. Die gesamte Wassermenge (Wasserhaushalt) des Körpers schwankt daher im Normalfall um nicht mehr als eine Tasse Wasser! Ist im Blut zu wenig Wasser, können Abfallstoffe, wie z. B. Salze aus den Körperzellen nicht ausreichend abtransportiert werden und der Salzgehalt steigt an. Das Gehirn überprüft den Salzgehalt im Blut ständig und

reagiert sofort: Zunächst werden die Nieren darüber informiert, mehr Wasser zurückzugewinnen. Bei weiterem Mangel meldet sich der Durst. Wer jetzt nichts trinkt, dessen Mund wird trocken, weil sich der Speichelfluss verringert. Giftstoffe können jetzt nicht mehr ausreichend ausgeschieden werden und körperliche und geistige Fähigkeiten lassen immer mehr nach. Der Wassermangel wird lebensgefährlich, wenn der Körper mehr als 11 % seines Wassergehalts verliert. Der Drang zu trinken blockiert alle anderen Gedanken und Gefühle. Bei 15 % Wassermangel tritt der Tod ein.

▶ Eingriffe des Menschen

Der Mensch benutzt Wasser intensiv. Da wird gestaut, vertieft, begradigt, umgeleitet und betoniert. Ufer werden abgetragen, Bäche in Rohre eingesperrt, Moore entwässert, Tümpel zugeschüttet, Trinkwasser entnommen und Schadstoffe eingeleitet.

Naturbelassene Gewässer sind selten geworden. Man findet sie nur noch in besonders geschützten Gebieten und in unzugänglichen Regionen (z.B. Gebirgsbach). Der Verlust solcher Lebensräume gefährdet ihre Lebewesen. Daher gehören viele von ihnen zu den geschützten Pflanzen und Tieren.

Die Gewässergüte wird vor allem durch Einleitungen aus dem Haushalt, der Industrie und der Landwirtschaft verändert. Dabei sinkt der Sauerstoffgehalt. Tiere mit einem hohen Sauerstoffbedarf verschwinden. Tiere, die mit weniger Sauerstoff auskommen werden häufiger. Die Gewässergüte verschlechtert sich. Dramatische Auswirkungen kann das bei stehenden Gewässern haben. Die Einleitung solcher Abfallstoffe führt im Lebensraum See zu einer Massenvermehrung der Algen (Algenblüte) im Plankton. Sauerstoffmangel tritt ein. Immer mehr Tiere sterben. Es kann zu einem Fischsterben kommen. Wird der ganze Sauerstoff verbraucht, können die toten Lebewesen nicht mehr zersetzt werden, es fault. Faulschlamm lagert sich ab und giftige Faulgase entstehen. Der See „kippt um" und wird zu einem toten Gewässer.

Veränderung des Gewässerzustandes durch Zufuhr von Nährstoffen (Eutrophierung).

▶ Energie

Energie ist die Fähigeit, Arbeit zu verrichten und damit Kräfte auszuüben:

Wasser in einem hoch gelegenen See besitzt z.B. Energie wegen seiner Lage. Es kann über ein Gefälle hinunterströmen und dabei ein Turbinenrad antreiben, das seinerseits eine Maschine bewegt.

Wenn du schnell auf deinem Fahrrad fährst, steckt Energie in der Bewegung. Du kannst sie nutzen, um einen Berg ein Stück hinauf zurollen, ohne eigene Kräfte aufzuwenden. Es entsteht also Energie durch Arbeit. Deshalb wird sie auch in den gleichen Einheiten gemessen, in Newtonmeter (Nm), Joule (J) oder Wattsekunden (Ws) (1 Nm = 1 J = 1 Ws).

Energie kann wieder in Arbeit umgesetzt werden: 1 Ws = 1 J benötigt man etwa, um eine Tafel Schokolade einen Meter hochzuheben. Energieverbrauch wird oft in Kilowattstunden (kWh) angegeben. Eine Kilowattstunde sind 3 600 000 Ws. Mit 1 kWh könnte man das Wasser eines 20 m langen, 9 m breiten und 2 m tiefen Schwimmbeckens einen Meter hoch anheben. Zum Vergleich: Ein mittlerer Haushalt verbraucht im Jahr etwa 4000 kWh allein an elektrischer Energie, außerdem etwa 25 000 kWh an Wärmeenergie für Heizung und Warmwasser.

Energie kann in verschiedenen Formen auftreten. Neben mechanischen Energieformen, wie Lageenergie und Bewegungsenergie sind elektrische Energie, Strahlungsenergie des Lichts, chemische Energie und vor allem thermische Energie (Wärme) besonders wichtig.

Energieformen können sich ineinander umwandeln: Im Kreislauf des Wassers auf der Erde verleiht die Strahlung der Sonne Wasserteilchen beim Verdunsten Bewegungsenergie. Diese steigen auf und verwandeln dabei Bewegungsenergie in Lageenergie. Beim Abregnen und beim Herabfließen von hoch gelegenen Stellen entsteht wieder Bewegungsenergie.

Die Strahlungsenergie der Sonne lässt Pflanzen wachsen und wird in ihnen als chemische Energie gespeichert. Diese chemische Energie in Nahrungsmitteln gibt dir die Möglichkeit, deine Körpertemperatur aufrecht zu erhalten, dich zu bewegen und zu arbeiten.

▶ Expertenvortrag

1. Ein Expertenvortrag sollte nicht länger als 5 Minuten dauern, da er sonst das Publikum langweilt. Experten können nach dem Vortrag noch ausgiebig befragt werden.
2. Um Informationen für deinen Vortrag zu sammeln, gehe in die Sachbuchabteilung einer Bücherei und lasse dich dort beraten.
3. Das Stichwortverzeichnis und das Inhaltsverzeichnis von Büchern helfen dir, die Informationen, die du brauchst, schnell zu finden.
4. Selbst gemalte Folien helfen oft einen Sachverhalt zu verdeutlichen.
5. Eine Mind-Map fasst die wichtigsten Informationen auf einer Seite schriftlich zusammen.

▶ Fettfleckprobe

Fett kann man mit Papier nachweisen: Wenn man mit einer fetthaltigen Probe auf Schreibpapier tupft, bildet sich ein durchscheinender Fettfleck, der auch nach dem Trocknen nicht verschwindet.

▶ Fließgeschwindigkeit

Die Wirkung fließenden Wassers kann man am besten am Grund erkennen, denn Wasser leistet Arbeit. Bei starker Strömung bleiben nur größere Steine und Kies liegen. Fließt das Wasser langsamer, setzen sich auch kleinere Steine, Sand und feineres Material am Grund ab. Untersucht man ein Bachbett (Kartierung) genauer, erkennt man, dass Wasser nicht überall gleich schnell fließt. Die höchste Geschwindigkeit findet man nahe der Oberfläche über den tiefsten Stellen. Diese Geschwindigkeit kann man mit einem Holzstück, Papier oder Korken gut messen. Zum Bachgrund hin wird das Wasser langsamer. Steine und anderes Material „bremsen" die Geschwindigkeit. Kreidestaub sinkt im Wasser nach unten und macht das sichtbar. Man findet sogar Stellen in einem schnell fließenden Bach, wo das Wasser stillsteht. Die Tiere im Lebensraum Bach finden solche „stillen Örtchen" z.B. hinter und unter Steinen. Werden Bäche begradigt, fließt das Wasser schneller. Viele Tiere können in solchen Bächen nicht mehr leben.

Begradigter Bach   Natürlicher Bach

▶ Fortbewegung im Wasser

Wasserlebewesen haben eine Vielzahl von Fortbewegungsarten und -organen entwickelt, abhängig davon, wo sie im Wasser leben, woher sie den Sauerstoff zur Atmung unter Wasser beziehen, welche Nahrung sie benötigen, welche Feinde es gibt und ob sie mit Wasserströmungen fertig werden müssen. In der Tabelle seht ihr einige Beispiele.

Beispiele	Fortbewegung	Fortbewegungsorgane
Rückenschwimmer	aktiv schwimmen	Ruderfüße
Fisch	aktiv schwimmen	Flossen
Wasserläufer	auf dem Wasser laufen	Ruderantrieb durch mittlere Beine
Wasserassel	am Grund laufen	Laufbeine
Libellenlarve	vorschnellen beim Beutefang	Wasserrückstoß aus Hinterleib
Wasserschnecke	kriechen	Schneckenfuß
Hüpferling	schweben und „hüpfen"	Schwebfortsätze und Schwimmbeine
Zuckmückenlarve	ruckhaft schwimmen	ganzer Körper „zuckt"
Tubifex	sich durch Schlängeln eingraben	ganzer Körper
Egel	festsaugen und nachschieben des Körpers	Saugnapf
Köcherfliegenlarve	klettern und festhalten	Beine und Hinterleib mit Krallen

▶ Fotosynthese

Pflanzen nehmen Kohlenstoffdioxid und Wasser auf und nutzen die Lichtenergie der Sonne. Mithilfe ihres Blattgrüns stellen sie in den Chloroplasten Zucker her und geben Sauerstoff ab. Diesen Vorgang nennt man Fotosynthese. Aus dem Zucker produzieren die Pflanzenzellen Stärke, Fette, Eiweiß und weitere organische Stoffe. Aus diesen Stoffen entstehen dann neue Blätter, Stiele, Blüten und sogar neue Pflanzen.

Fotosynthese

▶ Geschützte Pflanzen und Tiere

Viele Lebensräume sind durch Umweltbelastungen und menschliche Eingriffe bedroht. Bevor ihr eure Untersuchungen startet, solltet ihr euch beim örtlichen Umweltamt informieren. Unter dem Stichwort „Rote Liste der bedrohten Pflanzen und Tiere" könnt ihr in der Bibliothek Informationen finden. An Seen sind z. B. Seerose und Teichrose geschützt.
Außerdem gilt:
Besondere Vorsicht gilt in der Brutzeit der Tiere (März bis Juli)! Wirbeltiere dürfen nicht mit in die Schule genommen werden!

Gefangene Tiere müssen nach der Bestimmung sofort wieder in ihren Lebensraum eingesetzt werden.

„Rote Liste"

Teichrose   Teichmolch (Wirbeltier)

▶ Gewässergüte

Die biologische Methode
Bei der biologischen Gütebestimmung sucht man nach Lebewesen, die eine Verschmutzung anzeigen. Das sind Zeigerorganismen, von denen man genau weiß, in was für einem Wasser sie leben. Aus den gefundenen Zeigerorganismen und ihrer Anzahl berechnet man die Gewässergüte, so wie beim Gewässergüte-Spiel auf der Themenseite. Einige Zeigerorganismen sind dort mit Angabe des Gütefaktors abgebildet. Es gibt noch einige andere, daher braucht ihr ein Bestimmungsbuch für Süßwassertiere. Geht bei der Untersuchung vor wie beim Spiel:

1. Auswertungsbogen vorbereiten.
2. Tiere suchen und bestimmen. Mit der Bestimmungshilfe für die Zeigerorganismen (Bestimmungsbuch) müsst ihr prüfen, welche der gefundenen Tiere Zeigerorganismen sind.
3. Tragt die Anzahl der gefundenen Zeigerorganismen in den Auswertungsbogen ein.
4. Berechnet die Gewässergüte mit einem Taschenrechner. Füllt die dazu notwendigen Kästchen auf dem Auswertungsbogen aus.
5. Beurteilt die Gewässergüte und den Grad der Verschmutzung des untersuchten Gewässers.

Beurteilungstabelle

Gewässer-güte	Grad der Verunreinigung	Kurzbeschreibung	Güte-klasse	Typisches Zeigerlebewesen
1,0–1,5	nicht verunreinigt	Wasser klar, nährstoffarm, sauerstoffreich	I	Steinfliegenlarve
1,5–1,8	gering verunreinigt	Wasser klar, geringer Mineralstoffgehalt, sauerstoffreich	I–II	Strudelwurm
1,8–2,3	wenig verunreinigt	leichte Trübung, Gehalt an organischen Stoffen nimmt zu, Sauerstoffgehalt nimmt ab	II	Wasserfloh
2,3–2,7	mäßig verunreinigt	Trübung nimmt durch zunehmende Belastung mit organischen Stoffen zu, Sauerstoffgehalt geringl	II–III	Wasserassel
2,7–3,2	stark verunreinigt	Wasser trüb durch Abwassereinleitungen, Sauerstoffmangel, Faulschlammbildung beginnt	III	Schlammfliegenlarve
3,2–3,5	sehr stark verunreinigt	starke Trübung, großer Sauerstoffmangel, Faulschlamm	III–IV	Schlammröhrenwurm
3,5–4,0	übermäßig verunreinigt	sehr starke Trübung, kaum noch Sauerstoff vorhanden, z. T. ohne Sauerstoff, Faulschlamm färbt Boden schwarz, starker Fäulnisgeruch	IV	

Die chemische Methode

Bei den chemischen Untersuchungen misst man die Menge wichtiger Stoffe im Wasser, die eine Verschmutzung zeigen. Diese Stoffe sind: Sauerstoff, Ammonium, Nitrit, Nitrat, Phosphat und der pH-Wert. Die gemessenen Werte vergleicht man mit der Beurteilungstabelle und kann dann für jeden Stoff die Wassergüte ablesen und die Werte insgesamt beurteilen.

Beurteilungstabelle

Gewässergüte	I	bis	II	bis	III	bis	IV
Sauerstoffgehalt in mg/l	mehr als 8	⟷	6	⟷	4	⟷	weniger als 2
Sauerstoffsättigung in %	100 %	⟷	85 %	⟷	40 %	⟷	weniger als 10 %
Ammonium (NH_4^+) in mg/l	weniger als 0,1	⟷	0,2	⟷	1	⟷	mehr als 4
Nitrit (NO_2^-) in mg/l	weniger als 0,1	⟷	0,2	⟷	4,0	⟷	mehr als 6,0
Nitrat (NO_3^-) in mg/l	weniger als 1,0	⟷	1	⟷	5	⟷	mehr als 5
Phosphat (PO_4^{3-}) in mg/l	weniger als 0,015	⟷	0,02	⟷	0,15	⟷	mehr als 1,5
pH-Wert alkalisch	7,0 (neutral)	⟷	8,0	⟷	9,0	⟷	10
sauer	7,0 (neutral)	⟷	6,5	⟷	5,5	⟷	weniger als 5,0

▶ Glimmspanprobe

Sauerstoff ist zwar nicht selbst brennbar, fördert aber jede Verbrennung. Diese Eigenschaft nutzt man für seinen Nachweis: Hält man einen glimmenden Holzspan in den aufgefangenen Sauerstoff, flammt der Span auf und brennt mit heller Flamme.

Glimmspanprobe

▶ H₂O

H₂O ist die chemische Formel für Wasser. Eine chemische Formel beschreibt die Zusammensetzung von Stoffen.
Alle Stoffe bestehen aus Grundbausteinen, den Elementen. Wasser enthält die Elemente Wasserstoff und Sauerstoff. Jedes Element ist unverwechselbar durch ein chemisches Symbol gekennzeichnet. Eine Auflistung aller Elemente nennt man „Periodensystem der Elemente" (PSE). Ein PSE findest du auf den letzten Seiten dieses Buches.

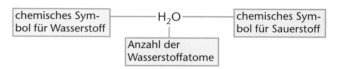

Wasser besteht also aus den Elementen Wasserstoff und Sauerstoff. Die kleine Zahl 2 in der Formel zeigt, dass sich zwei Atome Wasserstoff mit einem Atom Sauerstoff zu einem Wassermolekül verbinden. Von Molekülen spricht man immer dann, wenn die kleinsten Teilchen, die Atome sich zusammentun.

▶ Heuaufguss

Mithilfe eines Heuaufgusses kannst du in der Klasse größere Mengen Einzeller für einen längeren Zeitraum erhalten. Dazu schneidet man etwas Heu in kleinere Abschnitte und gibt diese in ein Einmachglas, das mit Tümpelwasser gefüllt wird. Das Heu sollte vollständig mit Wasser bedeckt sein. Diesen Ansatz lässt man bei Zimmertemperatur und Tageslicht stehen. Die sich nach wenigen Tagen an der Wasseroberfläche bildende Kahmhaut besteht aus Bakterien und ist die Nahrungsgrundlage für viele Einzeller und andere Kleinstorganismen, die sich jetzt vermehren. Enthielt das Tümpelwasser bereits Pantoffeltierchen, wird man diese nach etwa 10 bis 14 Tagen im Heuaufguss in großer Zahl finden. Viele Einzeller halten sich dicht unter der Wasseroberfläche oder zwischen dem Heu auf.

Die Herstellung eines Heuaufgusses

Grünalge „Volvox"

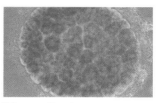
Wimperntierchen

Beispiele für Lebewesen aus dem Heuaufguss

Pantoffeltierchen

▶ Kanalisation

Ohne das verschlungene Labyrinth von Abwasserkanälen unter unseren Häusern und Straßen würde das verschmutzte Wasser stinkend – wie im Mittelalter – über die Straßen laufen und für Krankheitsepidemien (z. B. Cholera) sorgen. Das Abwasser wird heute in unterirdischen Leitungen gesammelt, die in einen Hauptkanal münden. Dabei fließen Abwasser und Regenwasser durch einen gemeinsamen Kanal (Mischsystem) oder durch voneinander getrennte Kanäle (Trennsystem). Im *Trennsystem* wird

das Regenwasser durch spezielle Leitungen direkt in die Gewässer geführt. Nur die eigentlichen Abwässer gelangen zur Kläranlage. Beim *Mischsystem* wird Regen- wie Abwasser gemeinsam gesammelt. Spezielle Regenüberläufe sorgen dann bei starkem Regen für eine Begrenzung der Wassermenge, die von der Kläranlage bewältigt werden kann.

Entlüftungsrohre

Regenwasser-Abfluss

Kanal für Niederschlagswasser
Kanal für Abwässer

Trennsystem

Kanal für Niederschlagswasser und Abwässer

Mischsystem

▶ Kartierung

Das Leben in einem Gewässer spielt sich vor allem unter der Wasseroberfläche ab. Zur Untersuchung eines Gewässers gehört deshalb

auch eine Kartierung des Tiefenprofils. So könnt ihr das Profil eines Bachbetts untersuchen.

> 1. Markiert eine ausreichend lange, gerade Messlatte in Abständen von genau 10 cm. Legt sie mithilfe einer Wasserwaage genau waagerecht über einen Bach. Eingeschlagene Pflöcke oder Steine helfen euch dabei. Bei größeren Entfernungen benutzt ihr besser ein Seil.

Pflock 1   Wasserwaage   Messrichtung: alle   Pflock 2
10 cm das Lot bestimmen ◀
Messlatte oder Seil
Wasseroberfläche   Lot
Bach

> 3. Zeichnet mit den Messwerten der Tabelle ein Diagramm. So erhaltet ihr den Querschnitt des Bachbetts.

So legt ihr das Diagramm richtig an:

> 2. Senkt an den markierten Stellen ein Senklot so weit in das Bachbett, dass es gerade den Boden berührt. Messt die Länge der Lotleine bis zur Messlatte. Um die Wassertiefe zu ermitteln benötigt ihr zusätzlich die Lotlänge bis zur Wasseroberfläche. Beginnt an einer Seite der Messlatte, dem Punkt 0. Notiert die Messergebnisse in einer Tabelle.

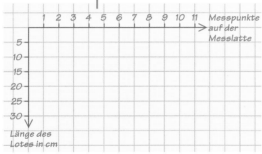

1 2 3 4 5 6 7 8 9 10 11   Messpunkte auf der Messlatte
5
10
15
20
25
30
Länge des Lotes in cm

Etwas schwieriger wird es bei größeren Gewässern wie Flüssen oder Teichen: Spannt statt der Messlatte ein Seil, das in Abständen von 1 m markiert ist. Zur Messung der Tiefe braucht ihr ein Boot, mit dem ihr euch am Seil entlang hangelt. Messungen der Tiefe lassen sich gut mit Messungen der Sichttiefe (Tiefe und Sichttiefe) kombinieren.

▶ Kläranlage

Das Reinigen von Abwässern ist mühsam, lang-
wierig, teuer und verbraucht viel Energie .

Deshalb sollte jeder versuchen, die Abwasser-
menge möglichst gering zu halten.

| 1. Kanalisation | **Klärstufe 1**
2. Rechen und Siebe
3. Rückhaltebecken
   a) Sandfang
   b) Öl- und Fettabscheider
4. Absetz- und Vorklärbecken
   (mit Schlammräumung) | **Klärstufe 2**
5. Belüftungsbecken
   Belebungsverfahren
6. Nachklärbecken | **Klärstufe 3**
7. Fällungsmittel-
   zugabe
8. Mischbecken | 9. Vorfluter: Einleitung
   des gereinigten Was-
   sers in ein Gewässer |

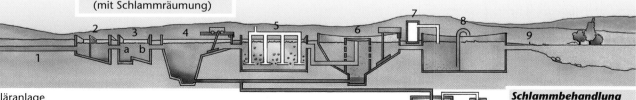

Kläranlage

Klärstufe 1

In der **mechanischen Reinigungsstufe** werden mit
einem Rechen und einem
Sandfang die groben Verun-
reinigungen abgetrennt. Alles,
was schwerer als Wasser ist,
setzt sich am Boden ab. Alles,
was leichter als Wasser ist
(Fette, Öle), schwimmt oben
und wird abgeschöpft. Damit
wird das Abwasser von ca.
30 % der Schmutzstoffe be-
freit. Alle gelösten Stoffe befinden sich noch im Wasser.

Klärstufe 2

Die **biologische Reinigungsstufe**
umfasst ein Belebtbecken und ein
Nachklärbecken. Das Belebtbecken wird ständig mit
Sauerstoff durchsprudelt, damit die dort lebenden
Bakterien alle organischen Abfälle wie Harn, Pflanzen-
abfälle und Tierausscheidungen abbauen können. Im
Nachklärbecken setzen sich dann die unvollständig
abgebauten Abfälle am Grund des Beckens ab und ge-
langen schließlich in den Faulturm. Es ist sehr wichtig,
dass Medikamente, Motoröle und Farbreste nicht ins
Abwasser gelangen, denn diese Stoffe können die
Mikroorganismen in der Kläranlage abtöten. Eine spe-
zielle Bakterienart baut die Nitrate zu Stickstoff ab.
Dieser wird an die Luft abgegeben.

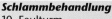

Schlammbehandlung
10. Faulturm
11. Gasometer
12. Abtransport des aus-
    gefaulten Schlammes

Klärstufe 3

Die **chemische Reinigungsstufe**. Durch
die Zugabe von Eisen-III-Chlorid können
90 bis 95 % der Phosphate aus dem Wasser gefällt werden. Dabei verbinden sich
die Phosphate mit dem Eisen-III-Chlorid
zu wasserunlöslichen Flocken, die zu
Boden sinken. In ganz neuen Kläranlagen
werden die Phosphate nur noch zu einem
kleinen Teil mit Eisen-III-Chlorid aus dem
Abwasser gefällt, den größeren Teil lässt
man von speziellen Bakterien auffressen.

Ein großes Problem ist heute der Klärschlamm.
Er enthält manchmal so viele giftige Schadstoffe, dass er auf Sondermüllanlagen gelagert
werden muss.

▶ Kräfte

Zwischen den Wasserteilchen wirken
Kräfte. Sauerstoff- und Wasserstoffteil-
chen in Molekülen des Wassers sind
elektrisch unterschiedlich geladen.
Wasserteilchen können deshalb einander
und andere Moleküle stark anziehen:

1. Kohäsionskräfte

wirken zwischen Wassermolekülen. Sie sind an
der Wasseroberfläche so stark, dass leichte Insekten wie auf einem gespannten Häutchen
laufen können (Oberflächenspannung). Sie be-
wirken auch, dass Wasserteilchen sich zu runden Wassertropfen zusammenballen. Seife und
Spülmittel verringern Kohäsionskräfte beträchtlich.

2. Adhäsionskräfte

wirken zwischen Molekülen unterschiedlicher
Stoffe. Ein Wasserfilm zwischen zwei Glasplatten „klebt" diese zusammen. An einer Glas-

wand wird Wasser sogar
etwas nach oben gezogen,
weil Adhäsionskräfte stärker
sind als Kräfte zwischen den
Wasserteilchen. Wasser „benetzt" Glas. Dagegen sind zwischen Wasser und Wachs Adhäsionskräfte sehr klein. Auf Wachs bildet Wasser
Tropfen, es „perlt ab".

3. Kapillarkräfte

entstehen durch das gemeinsame
Wirken von Kohäsions- und Adhäsi-
onskräften. Sie lassen Wasser in dünnen Röhren (Kapillaren) nach oben
strömen. Wasser steigt so lange, bis
das Gewicht des Wassers und die Ka-
pillarkräfte sich die Waage halten. Kapillaren in Pflanzen sind oft so dünn,
dass sie Wasser viele Meter hoch
transportieren können.

Wasserläufer

Wassermolekül-Kette

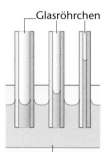

Glasröhrchen

Flüssigkeit

▶ Kreislauf des Wassers

Das Wasser der Erdober-
fläche durchläuft einen
ständigen Kreislauf: Durch
Wärme verdunstet Wasser
und steigt als Wasserdampf
hoch in die Atmosphäre. In
höheren Schichten kühlt
der Wasserdampf stark ab
und kondensiert zu Wol-
ken. Die Tröpfchen in den
Wolken wachsen, bis sie als
Niederschlag in Form von
Regen, Schnee oder Hagel
zur Erde fallen. Motor dieses Kreislaufs ist die Sonne.

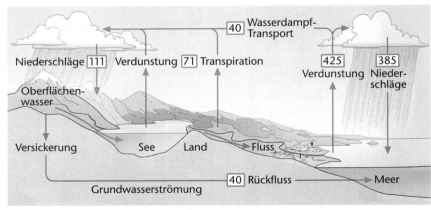

Wasserkreislauf (Angaben in 1000 km³)

▶ Lebensraum Bach

Pflanzen und Tiere in der Strömung
Auf den ersten Blick sind Lebewesen in einem
schnell fließenden Bach kaum zu entdecken.
Größere Pflanzen fehlen oft. Erst bei gezieltem
Suchen entdeckt man Moospolster, von Algen
bewachsene Steine und eine Fülle verschiedener Tiere:
– im ruhigen Randbereich der Uferböschung,
– in Stillwasserzonen zwischen Baumwurzeln,
– hinter und unter Steinen und anderem Material am Bachgrund,
– überall dort, wo die Fließgeschwindigkeit geringer ist.
Die Wasserströmung ist im Bach der wichtigste
Umweltfaktor.

Strömungsspezialisten
Im Körperbau und Verhalten zeigen die Tiere
erstaunliche Anpassungen an ein Leben in der
Strömung, die ein Abtreiben im Wasser verhindern. Köcherfliegenlarven
erhöhen im Oberlauf ihr
Gewicht durch Verwenden
von schwerem Material
(Steinchen) beim Bau ihres
schützenden Köchers. Im
Unterlauf verwenden sie
leichteres Material, selbst
wenn Steinchen zur Ver-
fügung stehen.
Weitere Anpassungen sind
das Eingraben in den Bo-
dengrund, das aktive Aufsu-
chen strömungsarmer Stel-
len im Bach.
Festsitzende Formen lösen
das Problem der Nahrungs-

Köcherfliegenlarve

Köcherfliegenlarve

Eintagsfliegenlarve
Hakenförmige Beine, flacher
stromlinienförmiger Körper.

Köcherfliegenlarve

Mützenschnecke
Schneckenfuß saugt sich fest,
strömungsgünstige Schalenform.

beschaffung durch Filtervorrichtungen am Kopf
und sammeln damit vorbeischwimmende Nah-
rungsteilchen aus dem Wasser, andere weiden
den Algenbelag ab, wieder andere jagen aktiv
unter Steinen.

Sauerstoffgehalt und Temperatur im Bach-
verlauf
Die Fließgeschwindigkeit wirkt sich auch auf
die Temperatur und den Sauerstoffgehalt aus.
Fließendes Wasser ist kälter als stehendes und
wird immer gut durchmischt. Eine Temperaturschichtung von oben nach unten, wie bei ste-
hendem Wasser im Lebensraum See,
findet man in Bächen nicht.
Dafür gibt es aber eine ständige Tem-
peraturzunahme des Wassers in
Fließrichtung des Bachlaufs, denn je
langsamer das Wasser sich bewegt,
desto mehr erwärmt es die Sonne.
Im Quellbereich der Bäche tritt das
Wasser mit der Temperatur des Bodens (ca. 10 °C) an die Oberfläche. Im
Oberlauf kann die Wassertemperatur
im Sommer mittags auf ca. 15 °C an-
steigen, im langsamer fließenden Unterlauf erreicht sie die 20 °C-Marke.
Mit ansteigenden Temperaturen im
Bachverlauf verringert sich der
Sauerstoffgehalt. Viele sauerstofflie-

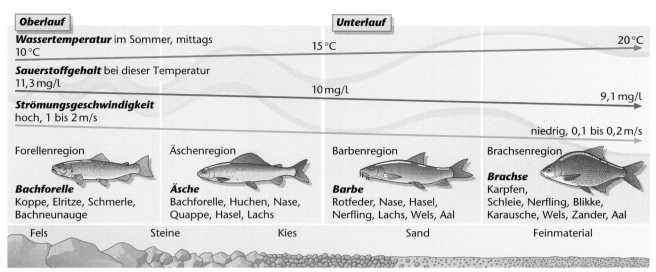

Veränderung von Fließgeschwindigkeit, Temperatur, Sauerstoffgehalt und Artenzusammensetzung im Bachverlauf

bende Bachlebewesen siedeln sich daher im Oberlauf an. Sinkt der Sauerstoffgehalt zum Unterlauf hin, verschwinden sie und werden ersetzt durch Lebewesen, die mit weniger Sauerstoff auskommen. Fische zeigen das ganz deutlich. Die vorkommenden Arten verändern sich entlang der Bäche bis in die Flüsse hinein. Arten verschwinden bei Eingriffen in Gewässer, die die Fließgeschwindigkeit verringern (z. B. Aufstauen von Bächen), die Wassertemperatur erhöhen (z. B. Einleiten von warmem „Kühlwasser") und den Sauerstoffgehalt verringern (z. B. Einleiten von Abwässern).

Bachuntersuchungen

Die Fließgeschwindigkeit messen, Temperatur und Sauerstoffgehalt prüfen sind wichtige Untersuchungen eines Bachs.

Im Lebensraum Bach findet man viele Zeigerorganismen für die Gewässergüte. Bachlebewesen reagieren sehr empfindlich auf alle Eingriffe. Ein schlechter Gütewert hat Gründe. Die Untersuchung der Stoffe im Bachwasser hilft hier bei der Suche nach den Ursachen. Daran müsst ihr denken: Anders als beim See, bleiben eingeleitete Stoffe (Abwasser, Gifte, Schwermetalle usw.) nicht an Ort und Stelle. Die Strömung führt sie vom Ort der Einleitung weg. Oberhalb dieser Einleitung findet ihr den Stoff gar nicht, unterhalb der Einleitung wird er sofort verdünnt.

So ist es auch mit allen Nährstoffen im Bach. Ständig werden sie weitertransportiert. Schließlich landen sie im Meer.

▶ Lebensraum See

Im Uferbereich

Kein anderer Bereich des Sees zeigt eine solche Fülle verschiedener Tier- und Pflanzenarten unter und über Wasser. Die Tiere finden zwischen den Pflanzen Nahrung, Versteckplätze und Brutmöglichkeiten. Libellenlarven lauern auf dem Grund ihre Beute auf, darüber jagt der Wasserkäfer. Der Rückenschwimmer nutzt den Bereich direkt unter, der Wasserläufer direkt über der Wasseroberfläche. Alle haben den Platz gefunden, der ihrer Art zu leben besonders entgegen kommt. Niemand kommt sich in die Quere.

Der Pflanzengürtel

Uferpflanzen bilden Pflanzengürtel, auch Pflanzenzonen genannt. Jeweils ähnlich gebaute Pflanzen bilden eine Zone. Teichrose und See-

rose bilden z. B. die Schwimmblattzone. Es fällt auf, dass die Zonen vom Ufer bis in das freie Wasser hinein immer in derselben Reihenfolge auftreten. Bei der Ausbildung dieser Zonen spielt die zunehmende Wassertiefe eine wichtige Rolle. Fällt das Ufer sehr steil ab, dann fehlt oft die Schilfzone. Ist das Ufer erst flach und fällt dann steil ab, fehlen meist die Schwimmblattpflanzen. Bei der Untersuchung eines Sees, kann man deshalb aus dem Fehlen von typischen Uferpflanzen auf den Unterwasserverlauf der Uferregion schließen.

Eine wichtige Rolle für die Ausbildung dieser Uferzonen spielt auch das Licht. So fehlen zum Beispiel Unterwasserpflanzen in der Schwimmblattzone. Die großen Blätter auf der Wasseroberfläche nehmen ihnen das Licht. Nimmt die

Wassertiefe zu, die Grenze liegt etwa bei 4 m, verschwinden die Schwimmblattpflanzen. Ihre Blätter erreichen die Oberfläche nicht mehr. Bei geringerer Wassertiefe, die Grenze liegt hier bei ca. 2 m, werden die Schwimmblattpflanzen von den Schilfpflanzen verdrängt. Ihre über die Wasseroberfläche hinausragenden Blätter beschatten hier die Schwimmblätter. Durch ihre Spezialisierung auf eine bestimmte Wassertiefe ist jede Uferpflanze nur in „ihrer" Zone den anders angepassten Pflanzen in der Konkurrenz um Licht überlegen.

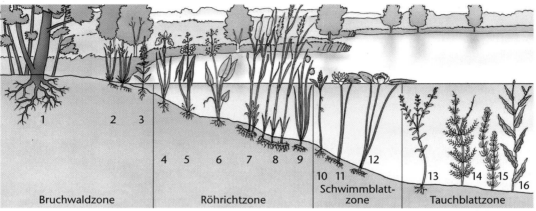

Die Uferzone

1 Erlen und Weiden	5 Pfeilkraut	9 Binsen	13 Wasserpest
2 Seggen	6 Froschlöffel	10 Wasserknöterich	14 Tausendblatt
3 Blutweiderich	7 Rohrkolben	11 Seerose	15 Hornblatt
4 Wasserschwertlilie	8 Schilfrohr	12 Teichrose	16 Krauses Laichkraut

Gliederung des Sees

Das Sonnenlicht teilt einen See grundsätzlich in zwei Stockwerke: Die vom Sonnenlicht durchflutete, obere Nährschicht, und die dunklere, untere Zehrschicht.

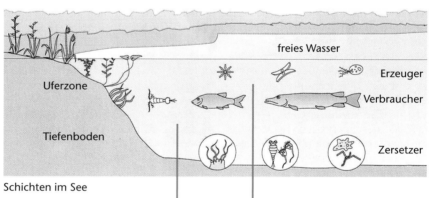

Schichten im See

Zehrschicht

Die hier lebenden Tiere müssen sich von dem ernähren, was aus der Nährschicht übrig bleibt und herabrieselt. Am Grund des Sees leben die Zersetzer. Dazu gehören Würmer, Einzeller (Heuaufguss) und vor allem Bakterien. Abgestorbene Pflanzen, tote Tiere, Ausscheidungsprodukte, eingeleitetes Abwasser; alles wird von ihnen zersetzt, d. h. zu Mineralstoffen (z. B. Nitrat) und Kohlenstoffdioxid abgebaut. Dabei wird Sauerstoff verbraucht, und die Stoffe gelangen zurück in den Stoffkreislauf des Sees.
Wasserproben aus der Zehrschicht, besonders aber vom Grund des Sees enthalten oft weniger Sauerstoff als Proben aus der Nährschicht.

Nährschicht

Pflanzen kommen nur hier vor, weil sie nur hier für die Fotosynthese ausreichend Licht finden, das sie zum wachsen brauchen.
Im Uferbereich findet man große Pflanzen. Im freien Wasser der Nährschicht leben frei schwebende, mikroskopisch kleine Algen und Plankton. In der Nährschicht wachsen mehr Pflanzen, als von Tieren gefressen werden können. Die Pflanzen produzieren mehr Sauerstoff als von den dort lebenden Tieren verbraucht werden kann.

Temperaturschichtung des Sees

Die Ursache für das Entstehen unterschiedlicher Temperaturschichten in einem stehenden Gewässer ist eine besondere Eigenschaft des Wassers. Bei 4 °C hat Wasser seine größte Dichte.

Das bedeutet:
– Wasser von 4 °C ist schwerer als wärmeres Wasser.
– Wasser von 4 °C ist schwerer als kälteres Wasser.

Dichte von Wasser in Abhängigkeit von der Temperatur:	
−1 °C	0,9168
0 °C	0,9998
4 °C	1,0
5 °C	0,9999
10 °C	0,9997
20 °C	0,9982

Im **Sommer** schwimmt das warme Oberwasser auf dem kalten Tiefenwasser. Dazwischen liegt die „Sprungschicht" mit einem sprunghaften Abfall der Temperatur zum Grund hin. Diese Schichtung bleibt im Sommer stabil (Sommerstagnation). Das schwere Tiefenwasser kann sich mit dem leichteren Oberwasser nicht vermischen. Der Stoffkreislauf im See funktioniert nur noch im Oberwasser. Die Sauerstoffversorgung des Seegrundes ist eingeschränkt. Das kann im Sommer, besonders in nährstoffreichen Seen dramatische Folgen haben (Eingriffe des Menschen).

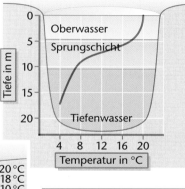

Im **Frühling** und **Herbst** gibt es einen Zeitpunkt, an dem das gesamte Wasser überall im See die gleiche Temperatur von 4 °C aufweist. Jetzt können sich Tiefen- und Oberwasser vermischen. Wind unterstützt diese Wasserbewegung. Der Stoffkreislauf im See funktioniert jetzt besonders gut. Sauerstoffreiches Oberwasser aus der Nährschicht gelangt bis zum Seeboden, mineralstoffreiches Tiefenwasser aus der Zehrschicht bis an die Oberfläche.

Eis schwimmt auf dem Wasser. Auch im **Winter** bilden sich stabile Schichten (Winterstagnation). Im Unterschied zum Sommer ist das leichtere Oberwasser jetzt kälter. Die Temperatur des Tiefenwassers sinkt auch im Winter nicht unter 4 °C ab. Die Tiere finden in dieser Schicht die gleichen Temperaturbedingungen vor wie im Sommer. Sie können hier den Winter gut überstehen.

▶ Nahrungskette

Wie die Glieder einer Kette sind Lebewesen in einer Nahrungskette miteinander verbunden.
Das erste Glied in dieser Kette sind immer Pflanzen. Sie ernähren sich nicht von anderen Lebewesen, sondern stellen wichtige körpereigene Stoffe mithilfe der Sonnenenergie selbst her. Die Algen in einem See

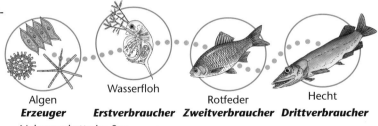

Nahrungskette im See

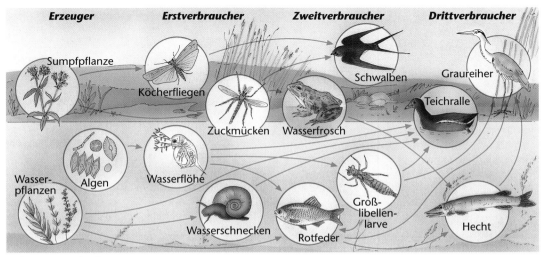

Nahrungsnetz im See

sind solche „Erzeuger". Bei den Algen im Plankton beginnt die Nahrungskette. Das Plankton bestimmt auch die Sichttiefe eines Gewässers wesentlich.

Von ihnen leben die „Verbraucher". Pflanzenfresser wie der Wasserfloh sind Erstverbraucher. Die Nahrungsketten können unterschiedlich lang sein. Der Hecht ist hier das letzte Glied am

Ende der Kette. Solche Endverbraucher sind häufig große fleischfressende Tiere und natürlich auch der Mensch.

Die Lebensgemeinschaft aller Pflanzen und Tiere eines Lebensraums bildet ein Nahrungsnetz aus vielen miteinander verknüpften Nahrungsketten.

► Nieren

Die Nieren werden täglich von 1500 l Blut durchflossen. Sie entziehen dabei dem Blut täglich zunächst 180 l Flüssigkeit. Diese Flüssigkeit enthält die Abfallstoffe, die das Blut transportiert. Damit der Körper nicht austrocknet (Durst), muss möglichst viel Wasser wieder zurückgeführt werden (Wasserhaushalt). Durch dünnwandige, feine Nierenkanälchen, die für das Wasser, aber nicht für Abfallstoffe und giftige Substanzen durchlässig sind, kann der größte Teil des Wassers zurück in den Körperkreislauf gefiltert werden. Der konzentrierte Rest sammelt sich im Nierenbecken und fließt durch den Harnleiter in die Blase. 1 l Harn enthält etwa 35 g Harnstoff, 15 g Salze und geringe Mengen anderer Stoffe. Untersuchungen dieser anderen Stoffe können dem Arzt Hinwei-

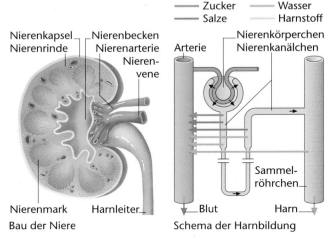

Bau der Niere   Schema der Harnbildung

se auf Krankheiten wie z. B. Entzündungen oder Zuckerkrankheit geben. Ohne die Arbeit der Nieren würden wir in wenigen Tagen von unseren Abfallstoffen vergiftet.

► Nitrat (NO_3^-)

Nitrat ist kein Gift. Es kommt überall im Stoffkreislauf der Natur vor. Pflanzen brauchen Nitrat zum Wachsen. Auf überdüngten Feldern wird von den Pflanzen nicht benötigtes Nitrat vom Regen in Bäche, Flüsse, Seen und in das Grundwasser ausgewaschen. Es taucht dann auch im Trinkwasser auf.

So kann Nitrat ins Wasser kommen:
– aus Kläranlagen,
– aus Überdüngung in der Landwirtschaft (z. B. als Gülle oder auch als Stickstoffdünger),
– beim Zersetzen organischer Stoffe im Stickstoffkreislauf (Stoffkreislauf),
– durch Autoabgase in der Luft.

Nitrat gehört zu den wichtigsten Stoffen, die eine Verschmutzung des Wassers anzeigen. Die gemessenen Werte einer Wasseruntersuchung geben wichtige Hinweise für die Beurteilung der Gewässergüte. Ein besonderes Problem

sind die Autoabgase, weil sie über die Luft überall hin verteilt werden. Sie enthalten einen Stoff, aus dem, in Verbindung mit Regenwasser, Nitrat entsteht. Mit dem Regen gelangt dieses Nitrat in den Stoffkreislauf der Gewässer. In nitratbelasteten Gewässern kommt es oft zu Massenvermehrungen von Algen (Algenblüte). Aus Nitrat kann das giftige Nitrit entstehen.

► Nitrit (NO_2^-)

Nitrit ist ein starkes Gift. Schon 2 g davon führen zu schweren Vergiftungen beim Menschen. Besonders für Säuglinge ist es im Trinkwasser

Zur Beurteilung der Wasserproben:		
	Nitrit (NO_2^-)	Nitrat (NO_3^-)
sauberes Wasser	weniger als 0,01 mg/l	weniger als 20 mg/l
wenig verschmutzt	0,01 bis 0,1 mg/l	20 bis 140 mg/l
stark verschmutzt	mehr als 0,1 mg/l	mehr als 140 mg/l
Regenwasser	–	5 bis 20 mg/l
in Seen und Bächen	0,01 bis 0,001 mg/l	10 bis 20 mg/l
Obergrenze im Trinkwasser	0,1 mg/l	50 mg/l
in Fischgewässern	maximal 0,003 mg/l	maximal 20 mg/l

gefährlich. Sie können ersticken, denn Nitrit verhindert den Sauerstofftransport im Blut.

Auch Fische sterben, wenn das Wasser zu viel Nitrit enthält.

Durch Abwassereinleitungen oder Überdüngung in der Landwirtschaft (z. B. als Gülle oder auch als Stickstoffdünger) kann es ins Wasser gelangen.

Mehr als 0,2 mg/l Nitrit in einem Gewässer bedeutet: Das Gewässer ist stark verschmutzt. Die gemessenen Werte einer Wasseruntersuchung geben wichtige Hinweise für die Beurteilung der Gewässergüte. In sauberen, gesunden Gewässern taucht Nitrit nur in ganz kleinen Mengen auf (bis 0,01 mg/l), weil es gleich zu Nitrat umgebaut wird.

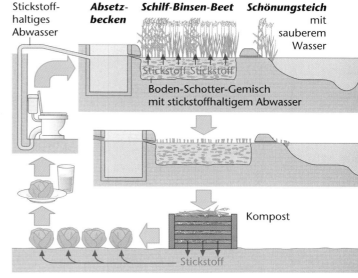

Stickstoffkreislauf am Beispiel einer Pflanzenkläranlage

▶ Pflanzenkläranlage

Statt in einer herkömmlichen Kläranlage können Abwässer aus dem Haushalt auch in Pflanzenkläranlagen gereinigt werden. In einem künstlich angelegten Sumpf wachsen Pflanzen wie Rohrkolben, Sumpfschwertlilie, Igelkolben, Kalmus und Pfeilkraut. Sind die Pflanzen angegangen und der Boden gut durchwurzelt, kann die Klärung beginnen. Die Abwässer sickern in den Boden. Durch Einzeller und Bakterien im Wurzelraum der Pflanzen werden sie gereinigt, die Phosphate und Nitrate nimmt die Pflanze als Dünger zum Wachstum auf (Stoffkreislauf). Pflanzenkläranlagen haben Schwierigkeiten im Winter, da die Pflanzen dann nicht wachsen.

▶ pH-Wert

Der pH-Wert gibt an, wie sauer oder alkalisch das Wasser ist. Unser Trinkwasser und saubere Gewässer mit einer Gewässergüte von I bis II sind fast neutral (pH-Wert 6,5 bis 7,5).

Alle Lebewesen leben in einer Umgebung, die einen pH-Wert hat, der für sie genau richtig ist. Verändert sich der pH-Wert, werden die Lebewesen krank oder können sich nicht mehr vermehren. Verändert sich der pH-Wert stark, sterben die Lebewesen.

Säuren und alkalisch wirkende Stoffe gelangen durch den „sauren Regen", durch Einleitungen aus der Industrie (Papierherstellung, Metallbearbeitung) und der Haushalte (z. B. Toilettenreiniger) in die Gewässer.

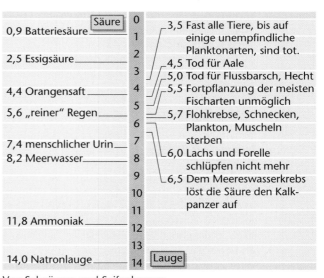

Von Salzsäuren und Seifenlaugen

▶ Phosphate (PO$_4{}^{3-}$)

Phosphate (PO$_4{}^{3-}$) findet man als Wasserenthärter in Spülmaschinenreinigern, im Dünger auf den Feldern, als Lebensmittelzusatzstoffe geben sie dem Fleisch die rote Farbe, in den Bäckereien werden sie als Lockerungsmittel verwendet. Phosphate sind in geringen Mengen für alle Organismen lebensnotwendig. Wirbeltiere benötigen sie zum Aufbau von Zähnen und Knochen.

Große Mengen Phosphate überdüngen ein Gewässer. Dadurch vermehren sich die Wasserpflanzen, vor allem die Algen sprunghaft. Die abgestorbenen Algen können nicht mehr abgebaut werden. Das Gewässer wird krank. Der Phosphatgehalt ist deshalb ein wichtiger Wert bei der Bestimmung der Gewässergüte. In den Kläranlagen versucht man daher die Phosphate aus den Abwässern zu bekommen.

▶ Plankton

Kleinstlebewesen, die im freien Wasser schweben oder schwimmen, bilden das Plankton. Der Name kommt aus dem Griechischen und bezeichnet etwas, das „umhertreibt".
Man unterscheidet zwischen pflanzlichem Plankton (z. B. Algen) und dem tierischen Plankton (z. B. Einzeller, Rädertiere, Kleinkrebschen). Auch viele Lebewesen aus dem Heuaufguss gehören zum Plankton.

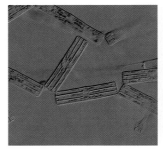 

Kieselalge   Hornalge

▶ Sauerstoffgehalt

Der Sauerstoffgehalt ist abhängig von der Wassertemperatur. Darum muss man sie vor der Bestimmung des Sauerstoffgehaltes messen und aufschreiben. Je wärmer das Wasser ist, desto schneller bewegen sich die Sauerstoffteilchen im Wasser. Die Wasserteilchen können immer weniger Sauerstoffteilchen festhalten, der Sauerstoffgehalt sinkt.
Mit diesen beiden Werten (Sauerstoffgehalt, Temperatur) könnt ihr auch die Sauerstoffsättigung eines Gewässers berechnen.
Sauerstoff kommt auf zwei Wegen ins Wasser:
– Überall wo sich Luft und Wasser berühren, können Sauerstoffteilchen ins Wasser gelangen. Sprudelnde Gebirgsbäche, Wasserfälle und Bäche sind daher sehr sauerstoffreich.
– Wasserpflanzen und Algen produzieren Sauerstoff. Bekommen Sie viel Licht, sieht man sogar kleine Gasbläschen aufsteigen. Fängt man diese Bläschen auf, kann man mit der Glimmspanprobe den Sauerstoff nachweisen.

Bekommt die Pflanze nicht genügend Licht, wird auch kein Sauerstoff hergestellt.
Sauerstoff wird auch verbraucht:
– Bei der Atmung unter Wasser entziehen die Lebewesen dem Wasser Sauerstoff.
– Besonders groß ist der Verbrauch, wenn das Wasser viele organische Stoffe (abgestorbene Pflanzenteile und Algen, tote Tiere, Kot und Abwässer) enthält. Die Gewässergüte sinkt. Lebensbedrohlich wird es für Süßwasserfische, wenn der Sauerstoffgehalt unter 2 mg/l fällt, der Mindestbedarf für Forellen liegt bei 5 mg/l. Gesunde Seen haben einen Sauerstoffgehalt von 8 bis 10 mg/l, gesunde Bäche von 10 bis 13 mg/l. (Flüsse und Bäche sind oft kälter als Seen).

Wassertemperatur in °C	100 % -Sauerstoffsättigung sind in mg O_2/l:
0	14,6
1	14,2
2	13,8
3	13,5
4	13,1
5	12,8
6	12,4
7	12,1
8	11,8
9	11,5
10	11,3
11	11,0
12	10,8
13	10,5
14	10,3
15	10,0
16	9,8
17	9,6
18	9,5
19	9,3
20	9,1
21	8,9
22	8,7
23	8,6
24	8,4
25	8,3
26	8,1
27	8,0
28	7,8
29	7,7
30	7,6
31	7,4
32	7,3
33	7,2
34	7,1
35	6,9
36	6,8
37	6,7
38	6,6
39	6,5
40	6,4

▶ Sauerstoffsättigung

Die Tabelle zeigt, wie viel Sauerstoff bei einer bestimmten Temperatur das Wasser höchstens (100 %) aufnehmen kann. Das sind bei 15 °C höchstens 10 mg Sauerstoff in einem Liter, bei 30 °C sind es höchstens 7,6 mg/l. In beiden Fällen beträgt die Sauerstoffsättigung 100 %. Meist liegt der Wert für die Sauerstoffsättigung in Gewässern unter 100 %, weil Sauerstoff durch Verschmutzung und Zersetzung verbraucht wird. Der Sättigungswert ist deshalb eine wichtige Hilfe für die Beurteilung der Gewässergüte.

Berechnung der Sauerstoffsättigung eines Gewässers:

Beispiel: **Tümpelprobe**
Gemessene Wassertemperatur: 15 °C
Gemessener Sauerstoffgehalt: 6 mg/l = ? %
Tabellenwert für die Sauerstoffsättigung: 10,0 mg/l = 100 %

Formel:

$$\frac{\text{Gemessener Sauerstoffgehalt} \times 100}{\text{Tabellenwert}} = \text{Sauerstoffsättigung in \%}$$

Beispiel:

$$\frac{6 \times 100}{10,0} = 60\% \text{ Sauerstoffsättigung}$$

46

Beurteilung:

Ein Wert von 60 % Sättigung zeigt, dass Sauerstoff in großen Mengen (40 %) verbraucht wird (Zersetzen von organischen Stoffen und Abwasser). Dein Gewässer ist stark verschmutzt!
– Werte von 100 bis 85 % zeigen saubere Gewässer an. Es kommt immer mal zu einer Situation in der etwas mehr Sauerstoff verbraucht wird, als die Pflanzen produzieren können. Das verträgt ein See aber gut.
– Werte unter 40 % zeigen schlimm geschädigte Seen, die sich aus eigener Kraft nicht mehr heilen können.

▶ Schadstoffe

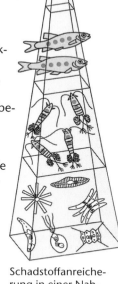

Für Gewässer schädliche Stoffe gibt es in einer riesigen Vielfalt.
Viele dieser Stoffe werden einfach in die Kanalisation gekippt und gelangen über die Kläranlagen in die Gewässer.
Andere Schadstoffe, z. B. von Abgasen, nehmen den Luftweg. Regen kann schädliche Stoffe aus der Luft und den Böden auswaschen. Die Schadstoffe versickern dann ins Grundwasser, tauchen im Trinkwasser wieder auf und werden über Bäche und Flüsse bis ins Meer transportiert.
Stehende Gewässer haben das Problem, dass Schadstoffe an Ort und Stelle abgelagert werden. Schwermetalle aus der Industrie sind nur durch ausbaggern oder absaugen des Schlammes wieder entfernbar, und müssen dann auf eine Deponie für Sondermüll gebracht werden.

Schadstoffe im Hengsteysee:	
Schwermetall	Menge
Cadmium	4,5 t
Chrom	108 t
Blei	111 t
Quecksilber	0,1 t
Kupfer	306 t
Zink	992 t

Eingriffe des Menschen sind oft die Ursache dafür, dass Schadstoffe ins Wasser kommen. Wenn sie von den Zersetzern schlecht oder gar nicht abgebaut werden können, ist ihre Wirkung oft besonders schlimm:

Direkte tödliche Giftwirkung

Giftstoffe wie Spritzmittel gegen Unkraut oder gegen Insekten, die in der Landwirtschaft eingesetzt werden, töten schon in geringen Konzentrationen Pflanzen und Algen, Insektenlarven und Krebstiere ab. Pflanzen stehen am Anfang der Nahrungskette. Alle anderen Lebewesen in einem Lebensraum sind daher automatisch mitbetroffen.

Indirekte Giftwirkungen

Schwer oder nicht abbaubare Stoffe wie die Schwermetalle werden von den Lebewesen aufgenommen. So gelangen sie in die Stoffkreisläufe und Nahrungsketten ohne zunächst sichtbare Schäden zu verursachen.
In der Nahrungskette reichern sie sich an. Die Konzentration des Schadstoffes ist in Algen meist noch gering. Im Wasserfloh, der viele Algen frisst, steigt die Schadstoffmenge.
In jedem weiteren Glied der Nahrungskette erhöht sich die Schadstoffkonzentration, im Endglied der Kette ist sie am höchsten. Forellen, der Hecht und andere Speisefische sind solche Endverbraucher. Hier kann es zu direkten Schäden und Vergiftungen kommen. Werden sie geangelt und gegessen, ist der Mensch „Endverbraucher".

Schadstoffanreicherung in einer Nahrungspyramide

Schadstoffe

▶ Schäden durch Wasser

Wenn sich große Wassermassen bewegen, kann die gewaltige Bewegungsenergie große Schäden anrichten.
Schutz: Maßnahmen zur Erhaltung von Bergwäldern. So wird die Aufnahmefähigkeit des Bodens für Wasser gesichert. Regenfälle und Schneeschmelze führen nicht zu übermäßig starkem Anschwellen von Bächen und Flüssen.
Schutz: Gegen extreme Sturmfluten müssen die Küsten durch genügend hohe Deiche gesichert werden.

Schutz: Erhaltung oder Wiederherstellung von Fluss-Auen. Das sind Gebiete an Flüssen, die bei Hochwasser regelmäßig überschwemmt werden. Große Wassermengen verteilen sich hier zunächst und können langsam abfließen.

Reißender Wildbach

▶ Stoffkreislauf

Wie beim Wasserkreislauf gehen auch andere Stoffe nicht verloren, sie befinden sich in einem ständigen Kreislauf.
Beispiel: Kohlenstoffdioxid
Wasserpflanzen und Algen nehmen Kohlenstoffdioxid, Wasser, Sonnenlicht und Mineralstoffe auf um wachsen zu können. Dabei entsteht Sauerstoff, den sie ins Wasser abgeben. Tiere ernähren sich von diesen Pflanzen und verbrauchen deren Sauerstoff.
Wenn Tiere oder Pflanzen sterben, werden sie von Mikroorganismen zersetzt. Kohlenstoffdioxid und Mineralstoffe werden wieder frei. Auch hier wird Sauerstoff verbraucht. Den Pflanzen stehen die freigesetzten Mineralstoffe und das Kohlenstoffdioxid wieder zur Verfügung um wachsen zu können. Wieder geben sie Sauerstoff ab. Der Kreislauf schließt sich.

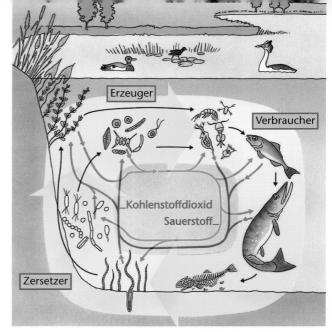

Kreislauf von Sauerstoff und Kohlenstoffdioxid in einem See

▶ Tiefe und Sichttiefe

Mit dem selbst gebauten Messgerät lassen sich Tiefe und Sichttiefe vom Boot aus einfach bestimmen. Lasst die Scheibe an der Leine ins Wasser, bis sie nicht mehr zu sehen ist. Notiert die Sichttiefe. Lasst die Scheibe dann an derselben Stelle bis zum Grund sinken. Notiert jetzt die Tiefe des Sees.
Die Linie für die Sichttiefe trennt den Lebensraum See in zwei Bereiche. Einen „hellen" Bereich oben und einen „dunklen" Bereich in der

Tiefe. Wie tief man in ein Gewässer hineinsehen kann, hängt davon ab, wie klar oder trübe das Wasser ist. Schwebstoffe im Wasser, besonders aber Algen und Planktonlebewesen verringern die Sichttiefe. Man kann deshalb aus der gemessenen Sichttiefe auf die Menge der Planktonlebewesen und auf den Zustand eines Gewässers schließen:

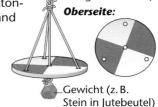

Unterseite:
Bohrlöcher

←—25 cm—→

Markierungen
(z. B. Knoten oder farbige Bindfäden)

Oberseite:

Gewicht (z. B. Stein in Jutebeutel)

Messgerät für Tiefe und Sichttiefe

Sichttiefe	Planktondichte	Zustand des Gewässers
bis 3 m	sehr hoch	sehr nährstoffreich, Verdacht auf Einleitungen (Abwasser/Düngestoffe), Wasser untersuchen auf: Ammonium , Nitrit , Nitrat , Phosphat
3 m bis 10 m	hoch	nährstoffreich
über 10 m	gering	nährstoffarm

▶ Trinkwasser

Trinkwasser ist nicht vollkommen reines Wasser . Es enthält immer Spuren von Stoffen, die auf dem Weg durch die Erdschichten „herausgelöst" wurden.
Trinkwasser ist unser wichtigstes Lebensmittel! Es soll nicht nur farblos, klar und geruchlos sein, sondern auch gut schmecken und frei von Krankheitserregern sein. Es darf nicht die Gesundheit schädigen. Um dies zu gewährleisten gibt es eine Trinkwasserverordnung. Sie enthält Grenzwerte, die die maximale Menge der gelösten Stoffe gesetzlich festlegt. Werden Grenzwerte überschritten, ist ein Wasser kein Trink-

wasser mehr. Aus dem Rohwasser (Quellwasser, Oberflächenwasser, Grundwasser) müssen im Wasserwerk meist noch Eisen- und Manganverbindungen entfernt werden. Am leichtesten kann man die Grenzwerte erfüllen, wenn man das Wasser aus Brunnen mit über 100 m Tiefe bezieht. In dicht besiedelten Gebieten reicht oft die Menge des

Auszug einer Trinkwasserverordnung (1000 mg = 1 g):	
Stoffe	Grenzwert mg/l
Natrium	150,0000
Kalium	12,0000
Eisen	0,2000
Mangan	0,0500
Ammonium	0,5000
Nitrat	50,0000
Nitrit	0,1000
Clorid	250,0000
Sulfat	240,0000
Quecksilber	0,0010
Fluorid	1,5000
Schädlingsbekämpfungsmittel	0,0005

vorhandenen Grundwassers nicht mehr aus und man muss zusätzlich das Oberflächenwasser aus Flüssen, Talsperren und Seen reinigen. Die Aufbereitung von reinem Trinkwasser wird aufwendiger und teurer, wenn Schadstoffe erst entfernt werden müssen.

Die Zahlen in der Tabelle erscheinen winzig klein. Aber: In dem Wasser eines Swimming-Pools, der 10 m lang, 10 m breit und 5 m tief ist, dürfen 600 g Eisen, 2,5 kg Kupfer und 20 kg Nitrat vorhanden sein. Das Wasser ist immer noch Trinkwasser.

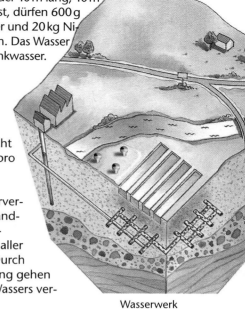

Wasserwerk

▶ Trinkwasserversorgung

80 % aller Krankheiten in den so genannten Entwicklungsländern gehen auf mit Keimen und Bakterien verunreinigtes Wasser zurück.
Zu den „Wasser-Krankheiten" gehören: Durchfall, Cholera, Typhus, Malaria, Bilharziose, Wurmbefall oder Augenkrankheiten.
Jährlich könnten zwei Millionen Kinder gerettet werden, wenn alle Menschen sauberes Trinkwasser hätten.
Rund eine Milliarde Menschen – ein fünftel der Weltbevölkerung – ist immer noch ohne sauberes Trinkwasser.
Zwei Drittel aller Haushalte der Welt müssen sich Wasser im „Freien" besorgen.
Seit 1950 hat sich der Wasserverbrauch weltweit mehr als verdreifacht.
Ein deutscher Haushalt verbraucht 145 l Trinkwasser pro Tag. Ein indischer 25 l.
Der größte Wasserverbraucher ist die Landwirtschaft. Sie verschlingt fast 70 % aller Wasserreserven. Durch falsche Bewässerung gehen davon 70 % des Wassers verloren.

▶ Verdauung

Wasser ist ein Transportmittel für Stoffe, die für die Verdauung notwendig sind. Die Enzyme sind Stoffe, die Nahrung in winzig kleine Bausteine zerlegen.

Die Oberfläche des 3 m langen Dünndarms ist durch die Zotten auf 40 m² vergrößert. Die Nährstoffe werden durch weitere Enzyme aufbereitet und ins Blut abgegeben.

— Darmzotten
— Schleimhaut
— Muskelschichten

Enzyme im Speichel spalten Kohlehydrate (z. B. Stärke, Mehl) auf.

Salzsäure im Magensaft tötet in der Nahrung viele enthaltene Krankheitserreger ab und spaltet mithilfe von Enzymen Eiweiße auf.

Emulgatoren in der Gallenflüssigkeit zerlegen Fett in kleine Tröpfchen.

Zahlreiche Enzyme im Bauchspeichelsaft zerlegen Nährstoffe und bereiten sie für die Aufnahme ins Blut vor.

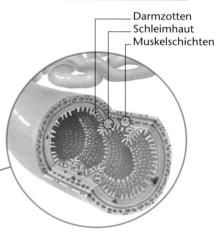

▶ Wasser

Manche Lebewesen können unter extremen Bedingungen existieren. Keines kann jedoch völlig ohne Wasser auskommen. Wasser ist die Grundlage für das Leben auf unserem Planeten. In den meisten Kulturen spielt Wasser eine besondere Rolle. Man denke z. B. an die christliche Taufe und rituelle Waschungen in verschiedenen Religionen. Quellen galten in früheren Zeiten oft als heilig, Brunnenvergiftung war eines der schlimmsten Verbrechen. Außer als Lebensmittel

Vorkommen	Menge (in 1000 km³)	Anteil (in %)
Meerwasser	1 348 000	97,330
Polareis + Gletscher	28 200	2,040
Grundwasser	8 450	0,610
Binnenseen + Flüsse	126	0,009
Salzseen	105	0,006
Bodenfeuchtigkeit	69	0,005
Wasserdampf der Lufthülle	14	0,001

wird Wasser von den Menschen vielfach genutzt: Wasser ist Energieträger, Lösungsmittel, Transportmittel für Güter und Abfälle, bietet Orte für Erholung, Sport und Freizeit.

Moleküle des Wassers

Im Jahre 1781 ließ der englische Chemiker Cavendish eine Mischung aus Wasserstoff und Luft explodieren und erhielt dabei Wasser. 1783 erkannte Antoine L. Lavoisier, dass Wasser kein Grundelement, sondern eine chemische Verbindung ist. Dabei verbinden sich genau zwei Teile Wasserstoff und ein Teil Sauerstoff rückstandslos zu H_2O.
Man erklärt dies durch einen Molekülaufbau, bei dem sich zwei Wasserstoffatome unter einem Winkel von 105° an ein Sauerstoffatom anlagern (Kräfte).
Die Seiten des Moleküls sind unterschiedlich geladen und üben starke Kräfte auf andere Moleküle aus. Deshalb bleiben Wassermoleküle recht eng beieinander und bleiben bei normalen Temperaturen flüssig. Sie können sich auch leicht zwischen andere Atome schieben. Deshalb ist Wasser ein ausgezeichnetes Lösungsmittel.

Das macht Wasser einzigartig

– Es kommt in allen drei Aggregatzuständen (fest, flüssig, gasförmig) auf der Erdoberfläche vor. In fester Form, als Eis, ist Wasser für Lebewesen jedoch nicht nutzbar. Umso wichtiger ist es, dass Eis eine geringere Dichte als flüssiges Wasser hat. Es kann immer nur die Oberfläche von tiefen Gewässern zufrieren, darunter kann Leben weiter existieren.
– Es verdampft schnell durch Wärmeeinwirkung und kondensiert ebenso schnell beim Abkühlen. Durch den Kreislauf des Wassers erhalten Lebewesen auf dem Lande ständig frisches Wasser.
– Es ist gleichzeitig ein ausgezeichnetes Lösungs- und Transportmittel. Es gibt kaum einen Stoff, der sich nicht wenigstens in kleinen Mengen in Wasser löst. Nährstoffe und Salze werden so zu den Organismen gebracht.

Eigenschaften	
Schmelz- und Erstarrungspunkt:	0 °C
Siedepunkt:	100 °C
Größte Dichte (4 °C):	1,0 g/cm³

– Es speichert Wärme (1 l Wasser nimmt pro Grad Erwärmung 4190 J Energie auf). Durch die hohe Speicherfähigkeit für Wärme kühlt sich unser Planet nachts und im Winter nicht so stark ab.

▶ ## Wasserhärte

„Verkalkte" Kaffeemaschinen, Waschmaschinen, Dampfbügeleisen, Warmwassergeräte: Dahinter steckt meist „hartes" Leitungswasser. „Hartes Wasser" schmeckt frisch und enthält wichtige Stoffe für unsere Knochen und Zähne. Es stammt oft aus kalkhaltigen Bodenschichten und enthält viel „gelösten Kalk" (Carbonat), Calcium- und Magnesiumsalze. Auf dem Etikett von Mineralwasserflaschen findest du diese Stoffe wieder.
In Gebieten mit hartem Leitungswasser braucht man etwas mehr Waschmittel, damit die Wäsche sauber wird. Natürlich enthält dann auch das Abwasser mehr Waschmittel.

Regenwasser ist „weiches Wasser", es enthält kaum gelösten Kalk. In Gebieten mit weichem Leitungswasser stammt das Trinkwasser aus kalkfreien Bodenschichten (z. B. Granit).

Härtegrade:	
0–4 °dH	sehr weiches Wasser
4–8 °dH	weiches Wasser
8–18 °dH	mittelhartes Wasser
18–13 °dH	hartes Wasser
über 30 °dH	sehr hartes Wasser

Die Wasserhärte wird in deutschen Härtegraden (°dH) gemessen.
Wenn du beim Wasserwerk anrufst und danach fragst, wie hart oder weich das Wasser in deiner Wohngegend ist, bekommst du eine Zahl zwischen 1 und 4 genannt. Die 1 steht für weiches, die 4 für hartes Wasser.

▶ ## Wasserhaushalt

Ein Mensch besteht zu etwa zwei Dritteln aus Wasser. Bei einem Gewicht von z. B. 60 kg sind das 40 l! Dabei ist der Wassergehalt sehr unterschiedlich verteilt:
Der Körper geht mit Wasser sehr sparsam um (Durst). Es wird mehrfach genutzt, bevor es ausgeschieden wird. Ständig wird in den Nieren und im Darm Wasser zurückgewonnen und ins Blut zurückgegeben.
Wasser hat viele Aufgaben im Körper:

Es löst Stoffe und transportiert sie durch den Körper. Es ermöglicht den Blutzellen den Sauerstofftransport und die Überwachung des gesamten Körpers, damit eingedrungene Krankheitskeime sofort bekämpft werden. Botenstoffe des Gehirns können mithilfe des Wassers zwischen und in die Körperzellen kommen.
Es regelt die Körpertemperatur. Wenn die Körpertemperatur ansteigt, verdunstet Schweiß

Wassergehalt in %	
Haut	72 %
Skelett	22 %
Zähne	5 %
Blut	79 %
Muskeln	77 %

von der Hautoberfläche. Die Haut kühlt ab und damit auch das zu warme Blut, das durch die Haut strömt.

Verteilung des Wassers im Körper:

Wasseraufnahme ungefähr 3 l/Tag

Wasserausscheidung (Harn, Schweiß, Atem) ungefähr 3 l/Tag

Wassergehalt etwa 65 %

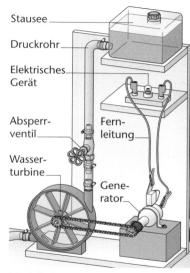

Modell eines Stauseekraftwerkes

▶ Wasserkraftwerk

Wasserkraftwerke nutzen die Energie des strömenden Wassers. Schon im Altertum wurden Wasserräder zum Mahlen von Getreide genutzt. Im 19. Jahrhundert wurden sie vielfach zum Antrieb von Maschinen, später auch zur Energieerzeugung genutzt. Moderne Wasserkraftwerke arbeiten meist mit einem Speicherbecken hinter einem Staudamm. Wasser strömt durch eine Turbine, die wiederum einen Generator zur Stromerzeugung antreibt.

In Deutschland stammen nur 4 % der elektrischen Energie aus Wasserkraft, in Norwegen sind es 99 %.

▶ Wassernachweis

Wasser kann man auf zwei Arten mithilfe einer chemischen Reaktion nachweisen:
1. Den Nachweis mit Kupfersulfat ⚠ hast du auf der Methodenseite

„Ohne Wasser läuft nichts" schon gesehen.
2. Beim Nachweis mit Cobaltchloridpapier ⚠ färbt Wasser das Papier rosa.

▶ Wasserverbrauch

Auf der Erde gibt es ca. 1,3 Milliarden km³ Wasser. Das meiste davon ist Meerwasser. Nur ca. 2,7 % davon sind Süßwasser. Das meiste davon ist in Form von Eis in der Arktis gespeichert. 0,02 % des gesamten Wasservorkommens auf der Erde müssen für die Trinkwasserversorgung des Menschen reichen.

Der Wasserverbrauch in Deutschland beträgt pro Person und Tag im Durchschnitt:	
Baden/Duschen	43 l
Toilette	46 l
Waschmaschine	17 l
Spülen	9 l
Waschen im Bad	9 l
Zähneputzen	9 l
Kochen	6 l
Auto waschen	3 l
Garten	3 l
gesamt:	145 l

Das Wasser des Sees ist heute 50 km von diesem Hafen entfernt. Es wurde für die Bewässerung von Baumwolle verwendet.

Weltweit betrachtet ist Wasser ein knappes Gut (Angaben in m³ pro Kopf/Jahr, 1 m³ = 1000 l):	Wasservorrat ca.	Wasserverbrauch ca.
Europa	4 500	700
Haiti	1 600	70
USA	9 800	1 900
Südamerika	34 000	500
Asien	3 250	550
Ozeanien	73 000	900
Afrika	6 100	250
Ägypten	50	1 000
Gabun	130 000	60
Ehemalige Sowjetunion	15 510	1 280
Turkmenistan	290	6 216

▶ Zeigerpflanzen

In einem Bestimmungsbuch findest du nicht nur den Namen einer Pflanze, sondern auch Informationen über Stoffe im Boden. Das „Hungerblümchen" z. B. findet man auf sehr nährstoffarmen Böden. Kresse ist sogar eine Testpflanze, mit der man Schadstoffe nachweisen kann.
Auch unter den Pflanzen in und an Gewässern gibt es Zeigerpflanzen. Einige zeigen die Gewässergüte an, andere liefern wichtige Hinweise auf Stoffe die das Wasser belasten können.

Wasserpest (Tümpel), nährstoffreiches Wasser, Güte II bis III

Große Brennnessel (am Ufer), Stickstoff, Nitrat

Kleiner Sauerampfer (Uferwiese), pH-Wert ist sauer

fliegen

fahren

laufen

schweben

schwimmen

tauchen

Sporttaucher
bis ca. 40 m

Taucher im
Tauchpanzer
bis 200 m

Titanic-Wrack
3800 m

Tauchboot „Alwin"
bis 4500 m

Tiefseefisch
Schwarzangler

Tauchboot „Trieste"
bis 10 916 m

Wähle:

► Von Träumen, Abenteuern und Katastrophen 54

► Alles in Bewegung 66

Concorde
Reiseflughöhe
ca. 10000 m

Heißluftballon
bis ca. 5000 m

Wo hat der Mensch abgeschaut?

Suche Ähnlichkeiten!

Finde Unterschiede!

Was weißt du noch?
Experten gesucht!

Paris, 22. Mai 1927
Held der Luft

5809 km in 33 Stunden, ohne Pause, ohne Schlaf. Charles Lindbergh überquerte im Alleinflug mit seinem Flugzeug, der „Spirit of Saint Louis", den Atlantik und wurde von einer begeisterten Menschenmenge auf dem Flugplatz von Le Bourget bei Paris empfangen.

Lake Hurst, 6. Mai 1937
Sabotage oder Blitzeinschlag?

Aus noch ungeklärten Gründen explodierte das größte Luftschiff der Welt, die „Hindenburg", bei der Landung in Lake Hurst. In den Flammen verloren 35 Menschen ihr Leben.

Von Träumen, Abenteuern und Katastrophen

Augsburg, 28. Mai 1931
Weltrekord

Auguste Piccard und Charles Kipfer starteten gestern in Augsburg zu einem Höhenflug. Sie erreichten mit ihrem Ballon eine Höhe von 15 787 m. Der Schweizer Physikprofessor und sein Kollege fanden ihre Vermutung bestätigt, dass in dieser Höhe die Luft so dünn ist, dass man nur in einer Druckkabine überleben kann. Sie konnten Temperaturen von −55 bis −69 °C und starke kosmische Strahlungen in der Stratosphäre messen, bevor sie sicher wieder auf einem österreichischen Gletscher landen konnten. Es bleibt zu fragen, ob sich Menschen im Dienste der Wissenschaft einem derart gefährlichen Abenteuer aussetzen sollten, indem sie sich so ungeheuer weit von der Erde entfernen!

Berlin, 11. August 1896
Pionier der Lüfte verunglückt

Nach mehr als 2000 Flugversuchen verunglückte vorgestern Otto Lilienthal westlich von Berlin in den Rhinower Bergen. Dr. Niendorf konnte am Unfallort einen Bruch der Halswirbelsäule feststellen. Lilienthal erlag gestern seinen Verletzungen. „Opfer müssen gebracht werden" waren seine letzten Worte.

23. Januar 1960
Neuer Tiefenrekord

Jacques Piccard ist am tiefsten Punkt des Meeres angekommen. Das Tauchboot „Trieste II" erreichte eine Tiefe von 10916 m im Marianengraben. Das bedeutet einen Druck von mehr als 1000 kg pro cm^2! Gibt es noch Leben in dieser Tiefe?

Paris, 20. September 1783
Fliegen ohne Schwingen

Die Brüder Montgolfier bewiesen gestern, dass man mit einer großen, luftgefüllten Hülle in die Lüfte steigen kann. Ein riesiger Ballon von 12 m Durchmesser stieg auf gen Himmel.

Genf, 22. März 1999
Im Ballon um die Welt

Der Schweizer Bertrand Piccard und der Brite Brian Jones umrundeten als erste im Ballon die Welt. Sie landeten gestern wohl behalten in der ägyptischen Wüste.

TITANIC DISASTER GREAT LOSS OF LIFE
EVENING NEWS

Paris, 30. Mai 1865
Von der Erde zum Mond

Wieder überrascht Jules Verne mit einer unglaublichen Geschichte. In seinem neuen Roman erzählt er von drei wagemutigen Amerikanern, die sich aus einem Kanonenrohr durch die Explosion von 200 Tonnen Schießbaumwolle in Richtung Mond schießen lassen. Wahrlich, ein Buch nur für Phantasten!

Der Untergang der Titanic

Die Titanic war mit 46 329 ▶ Bruttoregistertonnen (BRT), einer Länge von 269 m und einer Breite von 28 m das größte und luxuriöseste Schiff seiner Zeit. Viele Menschen hielten es wegen seiner Aufteilung in voneinander abgeschottete Abteilungen für unsinkbar.
Am 14. April 1912 rammte das Passagierschiff Titanic in der Nähe von Neufundland einen Eisberg. Das Schiff sank innerhalb von vier Stunden. Wir begleiten die letzte Fahrt der Titanic.

12. April 1912, 13.30 Uhr: Die Titanic beginnt ihre Fahrt im Hafen von Southampton in England. Auf dem Bild siehst du die Titanic beim Ablegen. Sie wog über 53 000 t, mehr als 2200 Menschen mit Gepäck befanden sich an Bord, die Laderäume waren mit Fracht gefüllt, unter anderem mit einem Auto.

1 **Warum kann ein Stahlkoloss wie die Titanic schwimmen?**

a) Senke einen Quader aus Metall erst an einem Gummiband, dann an einem ▶ Kraftmesser langsam in ein Gefäß mit Wasser. Bestimme die ▶ Auftriebskraft des Wassers.

b) Messe mit einem ▶ Überlaufgefäß, wie viel Wasser der Quader beim Eintauchen verdrängt. Wie viel wiegt das verdrängte Wasser?
Wiege nach, um wie viel der Metallquader in Wasser scheinbar leichter ist als in Luft. Vergleiche mit dem Gewicht des verdrängten Wassers.

c) Falte ein Stück Alufolie mehrmals dicht zusammen. Drücke ein gleich großes Stück zu einer lockeren Kugel. Forme aus einem Klumpen Knetmasse einen Quader, aus einem anderen einen Schiffsrumpf.
Teste jedes Mal die Schwimmfähigkeit.
Erkläre, warum gleiche Stoffe schwimmen oder sinken.

d) Wie weit taucht ein Schiff ins Wasser ein? Wiege zuerst die Kunststoffschale mit den Gewichten. Lege sie dann auf eine Wasseroberfläche und markiere an der Schale den Wasserstand. Entferne die Gewichte und fülle die Schale bis zur Markierung mit Wasser. Wiege nun die Schale mit dem Wasser. Was fällt auf?

Aufgabe 1
Die Titanic war 269 m lang, 28 m breit und etwa 30 m hoch. Berechne das Volumen eines Quaders mit diesen Maßen.
Angenommen, ein Drittel dieses Volumens sollte sich höchstens unter Wasser befinden. Wie viel dürfte die Titanic dann einschließlich Ladung höchstens wiegen?

13.–14. April 1912: Die Titanic auf ihrem Weg nach New York. Es gab zu dieser Jahreszeit einige Eiswarnungen. Vorsichtshalber änderte der Kapitän die Route ein wenig nach Süden. Man sah keinen Anlass zur Besorgnis, da die Titanic wegen ihrer Konstruktion als praktisch unsinkbar galt. Also: Volle Kraft voraus!

Southampton
Halifax
New York

2 *Warum galt die Titanic als unsinkbar?*

In der Titanic gab es 16 Abteilungen, die durch ▶ Schotten voneinander getrennt waren.
Beschwere als Modell eine Eiswürfelschale mit einigen Steinen. Fülle die Abteilungen von einer Seite her nach und nach mit Wasser. Was muss passieren, damit die Schale zu sinken beginnt?

14. April 1912, 23.39 Uhr: Die Posten Reginald Lee und Frederick Fleet entdecken vom Ausguck direkt voraus einen Eisberg. Obwohl die Maschinen sofort auf „volle Kraft zurück" geschaltet werden und der Steuermann das Ruder herumreißt, rammt die Titanic 37 Sekunden später den Eisberg mit der rechten Seite. Auf einer Länge von fast 90 m werden die Stahlplatten eingedrückt, Wasser dringt in fünf der Abteilungen ein. Der Bug füllt sich mit Wasser.

3 *Weshalb wussten die Ingenieure nach dem Unfall, dass die Titanic sinken wird?*

a) Die Schotten reichten nur bis etwa 3 m oberhalb der Wasserlinie. Womit hatte man nicht gerechnet? Warum wurde das Schiff schließlich so schwer, dass es sank?

b) Was bedeutet eigentlich schwer oder leicht? Ein Vergleichsmaß ist die so genannte ▶ Dichte. Sie gibt an, wie viel Gramm ein Gegenstand pro Kubikzentimeter wiegt. Bestimme die Dichte einiger Materialien. Benutze zunächst Würfel mit einer Kantenlänge von 1 cm.
Überlege, wie du die Dichte größerer oder unregelmäßiger Gegenstände bestimmen kannst. Bestimme ebenfalls die Dichte von Wasser.
Halte deine Ergebnisse in einer Tabelle fest.

Stoff	Masse m	Volumen V	Dichte m/V
Aluminium	2,8 g	1 cm³	2,8 g/cm³
Holz	31 g	50 cm³	0,62 g/cm³
Kunststoff		1 cm³	
Eisen		1 cm³	
Styropor			
Kartoffel	98 g		
Stein			
Wasser			

c) Prüfe, welche der untersuchten Stoffe schwimmen. Welchen Zusammenhang erkennst du zwischen der Dichte und der Schwimmfähigkeit? In welchem Bereich hat die Dichte der gesamten Titanic vor dem Unfall gelegen, wie änderte sich die Dichte der Titanic, dadurch, dass sie „undicht" wurde?

Aufgabe 2
Berechne die Dichte der Titanic vor dem Unfall. Das Volumen erhältst du aus der Angabe der BRT. Wie viele Kubikmeter Wasser waren eingedrungen, als die Titanic sank?

15. April 1912, 3.30 Uhr: Es ist vorbei. Die Titanic sinkt über den Bug. Weil wegen der angeblichen Sicherheit des Schiffs zu wenig Rettungsboote an Bord waren, starben 1503 Menschen im kalten Wasser. Nur etwa 700 konnten sich retten. Die Titanic liegt heute in 3800 m Tiefe auf dem Meeresgrund.

Vorstoß in die Tiefen des Meeres

Mike Laser (13 Jahre):
„Herr Olsen, Sie sind Berufstaucher und kennen das Bergungsunternehmen das am 1. September 1985 in 3800 m Tiefe, nach mehrjähriger Suche, das Wrack der Titanic gefunden hat.
Wenn ich mir ihre Ausrüstung hier so anschaue, ..."

Nils Olsen:
„Halt, langsam! Damit können wir nicht in solche Tiefen. Aber fangen wir mit dieser Ausrüstung erst einmal an."

Mike:
„Sieht ganz schön schwer aus!"

Nils Olsen:
„An Land stimmt das auch, aber im Wasser ist das anders. Wir brauchen sogar noch einen Gürtel mit Bleigewichten um tauchen zu können. Meist reichen 6 – 8 kg, damit wir im Wasser ins „Schweben" kommen."

Mike:
„Aber Herr Olsen, wie kommen dann die Fische rauf und runter?"

Nils Olsen:
„▶ Fische verändern ihr Volumen und dadurch auch die ▶ Dichte durch eine Schwimmblase."

Aufgabe 1
Das 10 L-Presslufttauchgerät wiegt zusammen mit Tragegestell und Ventil 13 kg und verdrängt dabei 12 Liter Wasser. Wie viel wiegt die Ausrüstung dann unter Wasser? Was haben die Bleigewichte mit der „▶ Dichte des Tauchers" zu tun?

1 Seziere vorsichtig einen noch nicht ausgenommenen ▶ Fisch. Im Innern findest du die Schwimmblase.
Was macht ein Fisch, wenn er sinken will?

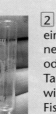

2 a) Es gibt ein Spielzeug, mit einer eingeschlossenen Luftblase. Man nennt es den ▶ Cartesischen Taucher oder Flaschenteufel. Funktioniert der Taucher wie ein Fisch? Überlege!

b) Der ▶ Druck macht 's.
Gib ein leeres Backaromafläschchen, mit der Öffnung nach unten, in eine bis zum oberen Rand mit Wasser gefüllte Kunststoffflasche.
Was passiert, wenn du die Flasche vorsichtig zusammendrückst?
Beobachte den Stand der Wasseroberfläche im Backröhrchen. Was verändert sich?

Mike:
„Wie tief können sie eigentlich mit ihrem Pressluftgerät tauchen?"

Nils Olsen:
„Bis zu 40 m Tiefe ist das kein Problem, aber an Wracks in größeren Tiefen kommen wir nicht so einfach dran. Das größte Problem ist der zunehmende ▶ Druck des Wassers."

3 Mit folgendem Versuch bekommst du eine ungefähre Vorstellung davon, wie stark der ▶ Druck unter Wasser zunimmt.
Lege auf deine Hand einen Holzwürfel mit einer Grundfläche von 1 cm² (Kantenlänge also 1 cm). Belaste den Würfel mit 1 kg. Jetzt spürst du auf 1 cm² deiner Hand die Druckzunahme von 1 bar.
In 40 m Tiefe herrscht ein Druck von 5 bar. Wie viel kg pro cm² „drücken" dort gegen einen Körper?

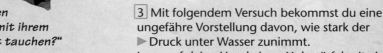

Nils Olsen:
„In manchen Fällen arbeiten wir sozusagen im Trockenen, mit ▶ Taucherglocken. Um trocken zu bleiben, müssen wir mit zunehmender Wassertiefe Druckluft in die Glocke pressen."

4 Drücke ein Glas mit der Öffnung nach unten unter Wasser. Was beobachtest du? Erkläre das Taucherglocken-Prinzip.

Mike:
„Vermeiden sie damit die Gefahr der ▶ Taucherkrankheit?"
Nils Olsen:
„Nein, die Gefahr besteht auch bei diesen Tauchgängen. Die Taucher müssen nach getaner Arbeit langsam auftauchen und zunächst in einer ▶ Dekompressionskammer wieder an den normalen Luftdruck gewöhnt werden."

Aufgabe 2
Kannst du dir vorstellen, warum Druckluft notwendig ist? Wie groß muss der Luftdruck in der ▶ Taucherglocke bei 30 m Wassertiefe sein?

Nils Olsen:
„Bei Tiefen ab 40 m bis ca. 200 m tauchen wir mit Spezialanzügen oder ▶ Tauchpanzern."
Mike:
„Und was machen Sie, wenn Sie tiefer als 200 m tauchen müssen?"

Nils Olsen:
„Dahin kann man nur noch, so wie bei der Suche nach der Titanic, mit einem ▶ U-Boot gelangen. Der Druck in 3800 m Tiefe ist gewaltig!"

Aufgabe 3
Wie viele kg würden in 3800 m Tiefe auf einen Quadratzentimeter drücken?
Berechne den ▶ Druck in dieser Tiefe!

Mike:
„Bei der Tiefe muss die Besatzung ja Jahre in die ▶ Dekompressionskammer?"

Nils Olsen:
„Nein! In einem ▶ U-Boot ist der Luftdruck kaum größer als an Land. Sie sind so gebaut, dass sie dem großen Druck unter Wasser standhalten können."
Mike:
„Und wie machen die das mit dem Auf- und Abtauchen?"
Nils Olsen:
„Erinnere dich an die Schwimmblase bei den ▶ Fischen. Einen ähnlichen Mechanismus verwendet man bei den ▶ U-Booten."

5 Findest du die Gemeinsamkeiten und die Unterschiede heraus?

▶ Taucherglocke 89   ▶ Tauchpanzer 89   ▶ Dekompressionskammer 77   ▶ U-Boot 90
▶ Taucherkrankheit 89   ▶ Druck 78   ▶ Fische 79

Der Traum vom Fliegen

Seit der Mensch denken kann, träumt er davon, die ► Schwerkraft zu überwinden und in die Lüfte aufzusteigen. Der Traum vom ► Fliegen ist seit Jahrtausenden Thema vieler Sagen und Mythen. Hast du dir auch schon mal gewünscht, so wie Superman die Welt von oben zu sehen?

1 Runter kommt alles!

Welche ► Kraft hindert uns daran, wie Supermann durch die ► Luft zu sausen?
Hast du Vermutungen?

2 Luft ist mehr als „Nichts"!

Die Luftteilchen kannst du spüren! Fächele mit der Hand vor deinem Gesicht.
Luftteilchen können Dinge bewegen! Wirf ein dünnes Stück Seidenpapier in die Luft und puste es an. In welche Richtung bewegt es sich?

3 In der Luft ist 'ne Menge los!

Geht nach draußen und schaut euch um! Welche Tiere seht ihr in der Luft? Was fliegt sonst noch am Himmel?
Beobachtet und notiert genau! Es gibt Pflanzen, die ihre Samen durch den Wind verbreiten.
Sucht solche ► Flugsamen und beschreibt ihre Form. Womit halten sie sich in der Luft?

4 Im Testlabor

Testet die Flugfähigkeit der gefundenen Samen. Ein Treppenhaus kann als Teststrecke dienen.
Die Flugzeit messt ihr mit einer Stoppuhr.

Pappel-samen

Birkensamen

5 **Woran liegt es, dass manche Dinge schnell und manche sehr langsam fallen?**

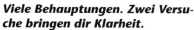

> Alle Dinge fallen gleich schnell.

> Leichte Dinge fallen schneller als schwere.

> Gleich schwere Dinge fallen gleich schnell.

> Schwere Sachen fallen schneller als leichte.

Viele Behauptungen. Zwei Versuche bringen dir Klarheit.

a) Nimm zwei Blätter DIN-A5-Papier. Das erste zerknüllst du zu einem festen Ball. Das zweite schneidest du wie auf der Abbildung beschrieben. Lass beide Objekte aus größerer Höhe zeitgleich fallen. Dein Partner oder deine Partnerin stoppt die „Flugzeit". Gibt es Zeitunterschiede?

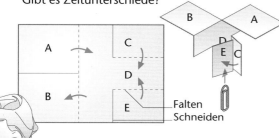

Falten
Schneiden

b) Offensichtlich halten sich Gegenstände lange in der Luft, wenn sie den ▶ Luftwiderstand gut nutzen können.
Aber wie sieht die Sache aus, wenn die Luftteilchen fehlen?
Dazu ein Versuch mit der ▶ Fallröhre: In dieser Röhre befinden sich zwei Gegenstände. Lasst die Gegenstände zunächst im luftgefüllten Kolben fallen. Welcher bleibt länger in der Luft? Wiederholt den Versuch bei abgesaugter Luft, also im ▶ Vakuum. Gibt es Unterschiede?

6 **Erfinderwerkstatt: Abgucken erlaubt!**
Erfinde Vorrichtungen, die eine Erbse „flugfähig" machen. Vielleicht geben dir die Flugsamen ein paar Anregungen?

7 **Von der Natur abgeschaut!**
Die Menschen haben vieles von der Natur abgeschaut. Welche Samen dienten wohl als Vorlage für den Bau von ▶ Fallschirmen?
Baue selbst ein Fallschirmmodell.
Du brauchst:
1 Taschentuch
2 Stück festes Nähgarn, je ca. 80 cm lang, 1 Radiergummi als Fallschirmspringer (oder ein kleines Püppchen), Klebeband.
Baue ebenso ein Modell mit vierfach so großem Schirm (vier zusammengeklebte Papiertaschentücher). Lass ihn fliegen.
Welcher Schirm fliegt besser?

▶ Luftwiderstand 85   ▶ Fallröhre 79   ▶ Vakuum 91   ▶ Fallschirm 79

Fliegen wie ein Vogel

1 Start frei für den Superflieger!
Bastelt verschiedene ▶ Papierflieger.

Der Schwerpunkt liegt …

… richtig,

… zu weit hinten,

… zu weit vorn.

Optimiere deinen Flieger durch Trimmen.

a) Startet eure Flieger in einem geschlossenen Raum.

b) Startet draußen und beachtet dabei die Windrichtung.

c) Kein Wettbewerb ohne Training: Findet durch Ausprobieren die beste Wurftechnik!
Plant jetzt einen Wettbewerb mit verschiedenen Disziplinen, z. B. Weitflug, Dauerflug oder Zielflug.

2 Warum kann ein Flugzeug fliegen?
Bei strömender Luft kommt's oft anders als man denkt!
Hier drei Beispiele.
a) Notiere bei jedem Versuch zuerst, was du denkst, was passieren wird. Probiere es aus und beschreibe dann, was tatsächlich passiert ist.

Lege ein Blatt Papier über die Bücher. Puste in die Lücke zwischen den Büchern.

Halte zwei Blätter Papier vor dein Gesicht und puste in den Spalt zwischen den Blättern.

Klemme ein Blatt Papier in ein Buch und puste darüber hinweg.

b) Versuche die Wirkung der Luftströmung zu beschreiben. Vergleiche deine Erklärung mit der von Herrn ▶ Bernoulli.

3 Was sagt Herr ▶ Bernoulli hierzu?
Lege einen Tischtennisball in die Öffnung eines Trichters und versuche ihn wegzublasen.
Puste und drehe die Öffnung des Trichters nach unten. (Du kannst auch eine Luftpumpe verwenden.) Erkläre deine Beobachtungen.
An welcher Stelle ist es so eng, dass die Luft besonders schnell strömen muss?
Wie wirkt sich das auf den Ball aus?

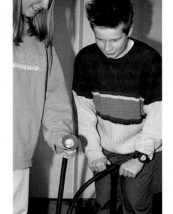

Dieser Wasserball „schwebt" im Luftstrom.

4 Den Vögeln auf die Flügel geschaut

Otto Lilienthal (► Fliegen) gelang 1891 der erste erfolgreiche Gleitflug. Viele Jahre beobachtete er den Flug der Störche, dann baute er zusammen mit seinem Bruder Gleiter, mit denen er selbst fliegen konnte. Er hatte als erster die Bedeutung des Flügelprofils erkannt.

a) Welches entscheidende Prinzip hatte Lilienthal den Vogelflügeln abgeschaut?

b) Viele Vögel nutzen den ► Gleitflug zum Energiesparen. Mit ausgebreiteten Schwingen können sie ohne Flügelbewegungen in der Luft segeln. Welchen ► Vögeln gelingt das besonders gut?

5 Baue das Modell eines ► Flügels aus festem Papier und untersuche, wie die Luftströmung des Föns auf den Flügel wirkt.

a) Lass den Flügel fliegen, indem du Luft über die Oberseite bläst. Achte darauf, dass du nicht von unten gegen den Flügel bläst.

2 Holzspieße

Schalte den Fön auf Kaltluft, falls dies möglich ist.

Setze den Flügel so auf die Holzspieße, dass er sich rauf und runter bewegen lässt.

b) Untersuche, ob die ► Auftriebskraft davon abhängt, wie stark der Fön bläst.
c) Schiebe ein Stück Pappe in den Luftstrom an der Oberseite des Flügels. Wie ändert sich der Auftrieb?
d) Baue ein ► Flugzeug aus Papier. Als Rumpf verwendest du einen Strohhalm. Wenn dieser Flieger gut getrimmt ist, fliegt er erstaunlich weite Strecken.

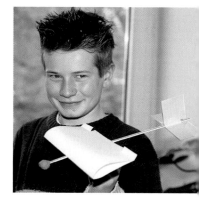

6 Leicht und doch stabil

Vögel sind besonders leicht gebaut.
a) Untersuche die Knochen eines Hähnchenschenkels und erkläre das Prinzip der Leichtbauweise.

b) Vergleiche das Gewicht einer Feder mit dem von Papier. Lege dazu eine Feder auf ein Blatt Papier, zeichne sie ab und schneide die Abbildung aus. Wiege die echte und die unechte Feder mit einer Feinwaage. Untersuche die Feder eines ► Vogels mit einer Lupe und erkläre auch hier das Prinzip der Leichtbauweise.

► Fliegen 80   ► Gleitflug 83   ► Vögel 91   ► Flügel 81   ► Auftriebskraft 76   ► Flugzeug 81

Schweben in Luft – wir bauen einen Heißluftballon

Dieser 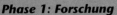 Vogel steigt langsam nach oben, ohne die Flügel zu bewegen. Er nutzt eine Thermikströmung. Was bedeutet das?
Zünde eine Lage eines Papiertaschentuchs auf einer feuerfesten Unterlage an. Wie erklärst du dir deine Beobachtungen?

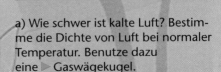

Phase 1: Forschung

Ein Heißluftballon kann in der Luft schweben und sogar noch Lasten transportieren. Woher erhält er seinen Auftrieb?
Die folgenden Untersuchungen helfen dir, die Funktionsweise eines Heißluftballons zu verstehen. Mit diesem Wissen kannst du dann einen eigenen Ballon bauen.

a) Wie schwer ist kalte Luft? Bestimme die Dichte von Luft bei normaler Temperatur. Benutze dazu eine Gaswägekugel.

b) Ändert sich das Gewicht von Luft bei Erwärmung? Heize die geöffnete Gaswägekugel eine Weile mit einem Fön. Schließe sie dann und wiege nach.

c) Was geschieht mit der Luft, wenn sie wärmer wird?
Ziehe einen Luftballon über den Hals einer leeren Flasche. Erwärme die Flasche. Was beobachtest du? Erkläre deine Beobachtungen mit dem Teilchenmodell der Luft.

d) Finde heraus, um wie viel sich ein Liter Luft bei verschiedenen Temperaturen ausdehnt:
Am besten kannst du die Lufttemperatur in der Flasche kontrollieren, wenn du mit einem Wasserbad arbeitest.
Erhöhe die Temperatur des Wasserbades schrittweise und warte eine Weile. No-
tiere in einer Tabelle für jede Temperatur, wie viel Luft über den Schlauch in den Messzylinder verdrängt wurde.

Tauchsieder zum Erhitzen von Wasser

▶ Vogel 91   ▶ Gaswägekugel 83   ▶ Teilchenmodell 90   ▶ Messzylinder 85

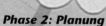

Temperatur	Inhalt des Messzylinders	Gesamtes Luftvolumen
20 °C	0 ml	1000 ml
25 °C	18 ml	1018 ml
30 °C	37 ml	1037 ml
35 °C	55 ml	
40 °C	72 ml	
45 °C		
50 °C		
55 °C		
60 °C		

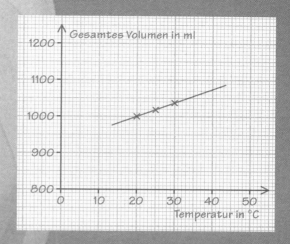

e) Zeichne ein Koordinatensystem. Trage in das Diagramm für jede Temperatur ein, wie groß das gesamte Luftvolumen ist. Verbinde die Messpunkte mit einer Linie.

Phase 2: Planung

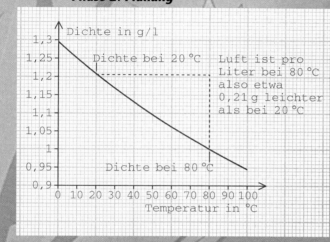

a) Aus welchen Materialien willst du den Ballon bauen? Wo liegen Vorzüge und Nachteile?

b) Welches Gewicht soll der Ballon heben können?
Lies aus dem Diagramm ab, wie viel 1 Liter Luft zwischen 0 °C und 100 °C wiegt. Übertrage die abgelesenen Werte in eine Tabelle. Trage ebenfalls in die Tabelle ein, welches Gewicht die erwärmte Luft bei einer Außentemperatur von 20 °C tragen kann.

c) Überlege dir, wie viele Liter Inhalt dein Ballon haben sollte. Wie groß wäre er dann? Vergleiche mit deiner Zahl etwa den Rauminhalt eines Müllsacks.

Phase 3: Bauen und Testen
Auf dem Bild siehst du einige Möglichkeiten von ganz einfach bis etwas schwerer, einen Heißluftballon zu bauen. Entscheide dich für ein Modell. Einen größeren ▷ Heißluftballon kannst du nach der Bauanleitung in der Infothek herstellen.
Starte deinen Ballon im Freien. Messe vor dem Start die Lufttemperatur im Innern. Teste eventuell die Tragfähigkeit mit kleinen Gewichten.

⚠ Vorsicht mit offenen Flammen! Weiten Abstand zu Gebäuden und Bäumen halten! Niemals brennende Stoffe mitfliegen lassen!

▶ Heißluftballon 84

A...

Stopp!

Tier	Maschine	Bewegungs-art	Antrieb	Beruf
Fliege	Flugzeug	fahren	Flosse	Fahrer
Zaunkönig	Zeppelin	ziehen	Zahnrad	Zugführer

Station 1
Teste dein Wissen

Pferogel

Station 2
Zeichne Phantasietiere

Station 3
Entwirf Bewegungsmonster

Station 4
Erfinderwerkstatt
Setze etwas in Bewegung

67

Schritt für Schritt

6 km/h

Bastle dir zu jedem Versuch ein Modell aus Papier oder anderem Material und probiere aus, wie stabil die Art der Fortbewegung gegen das Umfallen ist.

1 *Gehen – oder wie man das Fallen verhindert*

a) Gehe ganz langsam ein paar Schritte und achte auf dein Gleichgewicht. Schreibe ein genaues Laufprotokoll. Welche Muskeln und Gelenke musst du bewegen? Taste deine Beinmuskeln bei der Bewegung ab. Beschreibe die Bewegung deiner Füße. Wie würdest du diese ▶ Gangart nennen?

b) Gibt es einen Unterschied zwischen Gehen und Laufen? Wie bewegen sich die Arme, wenn du rennst? Achte auch darauf, ob du immer mit beiden Füßen den Boden berührst.

2 a) Gehe auf den Zehen. Was ist leichter, langsames oder schnelles Gehen? Welche Muskeln werden jetzt besonders angespannt? Versuche nun, die ▶ Gangart der Katze nachzumachen. Könntest du so schnell wie sie laufen?

b) Vergleiche die Bewegungen des Sprinters mit denen der Katze.

30 km/h

40 km/h

Huf

Huf von unten

beschlagener Huf

65 km/h

3 a) Stelle dich auf deine Zehenspitzen. Versuche, ein paar Schritte zu gehen. Probiere, ob du auf Finger- und Zehenspitzen besser laufen kannst. Wie bewegst du deine Beine bei dieser ▶ Gangart?

b) Pferde gehen und laufen immer auf Zehenspitzen. Für sie ist dies keine wacklige oder gar schmerzhafte Angelegenheit. Warum?

▶ Gangart 82

4 a) Beobachte, wie Insekten laufen. Stabheuschrecken bewegen sich meist so langsam, dass man sehen kann, wie viele Beine in Bewegung und wie viele am Boden sind. Um deine Beobachtungen besser beschreiben zu können, nummeriere die Insektenbeine auf einer Skizze und schreibe dann ein Bewegungsprotokoll.

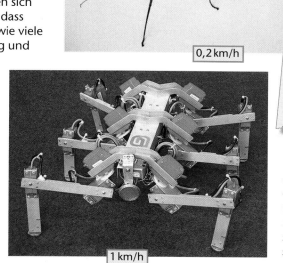

0,2 km/h

Bewegungsprotokoll							
Links 1							
Links 2							
Links 3							
Rechts 1							
Rechts 2							
Rechts 3							

Stehen ☐   Schwingen ▨   → Zeit

1 km/h

b) Dies ist das Bewegungsprotokoll eines Insekten-Roboters. Vergleiche die Bewegungsfolge des Roboters mit dem Bewegungsprotokoll der Stabheuschrecke. Welche Gemeinsamkeiten, aber auch welche Unterschiede erkennst du?

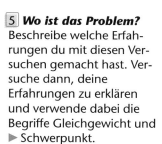

5 *Wo ist das Problem?*
Beschreibe welche Erfahrungen du mit diesen Versuchen gemacht hast. Versuche dann, deine Erfahrungen zu erklären und verwende dabei die Begriffe Gleichgewicht und ▶ Schwerpunkt.

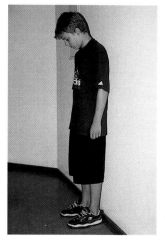

a) Stelle dich mit geschlossenen Füßen an die Wand und lege ein Geldstück etwa 30 cm vor deine Füße.

Schaffst du es, dich vorzubeugen und die Münze aufzuheben ohne die Füße zu bewegen?

b) Stelle dich mit einer Seite so an die Wand, dass ein Fuß und eine Schulter sie berühren. Kannst du den anderen Fuß 2 Sekunden lang hochhalten?

c) Nimm die Tür zwischen deine Füße indem du dich so an die Türkante stellst, dass Bauch und Nase sie berühren. Kannst du dich jetzt auf die Zehenspitzen stellen?

6 a) Vergleiche die Stabilität der Zweibeiner mit denen der Vierbeiner und Sechsbeiner.
b) Kannst du ähnliche Vergleiche für Fahrzeuge machen?

▶ Schwerpunkt 88

69

Geschwindigkeit ist keine Hexerei!

1 Start frei

Wer von euch kann sich am schnellsten „fortbewegen"?
Hilfsmittel wie: Inliner, Skatebord oder Fahrrad, sind erlaubt. Markiert eine Teststrecke von 50 m und messt die Zeit mit einer Stoppuhr!

2 Start frei zum nächsten Versuch

Ihr habt 10 Sekunden Zeit. Wer kommt am weitesten? Berechnet eure ▶ Geschwindigkeit.

3 Rekordverdächtig?

Vergleiche deine erreichte Geschwindigkeit mit den Angaben aus der Tabelle. Vervollständige die Tabelle, damit du besser vergleichen kannst. Kennst du noch mehr Geschwindigkeitsrekorde aus Natur und Technik?

Geschwindigkeiten

	Bild	m/s	km/h
Gepard (Galopp)		?	120
Pferd (Trab)		?	13,5
Katze		11,2	?
schnellster Industrie-Roboter		0,51	?
Inliner (Straße)		9,7	?
Fahrrad (höchste Tour de France - Durchschnittsgeschwindigkeit)		?	39,504
Mensch (Sprinter) bei 100 m		10,31	?
Skateboard (Rekord im Stehen)		?	89,2
Dinosaurier (Pflanzenfresser)		?	6
Peter 100 m in 13 s		?	?

4 Geschwindigkeitsmesser

In jedem Fahrradladen kannst du einen ▶ Tachometer kaufen. Probiere aus, wie er funktioniert! Weshalb musst du die Reifengröße einstellen?

▶ Geschwindigkeit 83

▶ Tachometer 89

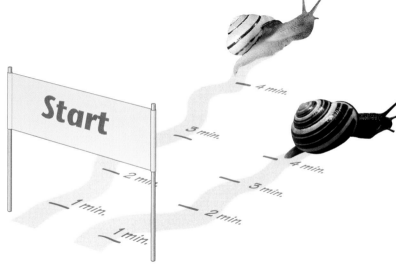

5 Start frei zum Schneckenrennen

Auch Schnecken bewegen sich mit einer Geschwindigkeit, aber leider haben sie keinen Tachometer.

Setze zwei Schnecken auf ein Blatt Papier. Sie haben 10 min. Zeit. Markiere die zurückgelegten Strecken durch einen Strich auf dem Papier nach 1, 2, 3, … min. und berechne die Geschwindigkeit zwischen den einzelnen Markierungen. Bestimme danach die durchschnittliche ▶ Geschwindigkeit nach 10 min. Vergleiche die Werte. Was fällt dir auf?

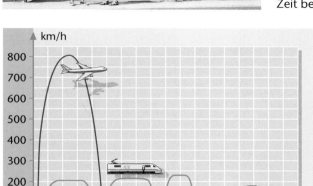

6

Wer von euch kommt mit welchem Verkehrsmittel zur Schule? Wie lang ist euer Schulweg? Wie viel Zeit benötigt ihr für ihn? Berechnet eure durchschnittliche ▶ Geschwindigkeit.

7 Aufgabe: Linien, die viel erzählen …

Die Strecke von Hamburg nach München beträgt ca. 800 km.
- Beschreibe den Reiseverlauf beim Flugzeug, mit der Bahn und dem Auto.
- Welche Geschwindigkeit fahren die Fahrzeuge nach 1, 2, 3, … Stunden?
- Wie groß sind die Durchschnittsgeschwindigkeiten (▶ Geschwindigkeit) der unterschiedlichen Fahrzeuge?

8 Verkehrssündern auf der Spur

Wer kennt sie nicht, die Autofahrer, die in der Tempo-30-Zone an der Schule zu schnell fahren. Markiert eine Teststrecke von 50 bis 100 Metern, stoppt die Zeiten der vorbeifahrenden Autos und bestimmt deren Geschwindigkeiten.

Lasst euch bei der Vorbereitung und Durchführung von der Polizei beraten.

Präsentiert eure Messergebnisse den anderen Schulklassen, den Lehrern und Eltern.

▶ Geschwindigkeit 83

Gut in „Form"!

1 Schneller werden ohne mehr Kraftaufwand

Wer kennt sie nicht, die Champions auf zwei Rädern.

Du kannst deine Geschwindigkeit auf dem Rad ganz unterschiedlich steigern. Probiere aus:

– in aufrechter oder gebückter Haltung zu fahren,
– gut oder schlecht aufgepumpte Reifen zu benutzen.

Welche Rolle spielt dein Gewicht, das Gewicht des Fahrrades, die Kleidung …?

2 Alles reibt sich.

▶ Reibung ist lästig! Sie lässt sich nicht ganz vermeiden, aber oft deutlich verringern.

a) Überlege zu den hier abgebildeten Beispielen wirksame Maßnahmen.

b) Wann ist ▶ Reibung erwünscht? Überlege!

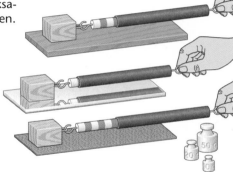

c) Untersuche, wann die Reibung am größten ist. Ist Reibung vom Gewicht abhängig? Probiere aus.

3 Auf die Form kommt es an

Markiert eine Teststrecke. Jeder muss zweimal starten. Startet jeweils mit aufgespanntem Regenschirm, so wie auf dem Bild dargestellt. Messt die Zeit mit einer Stoppuhr. Notiert die Ergebnisse in einer Tabelle. Berechnet die jeweiligen Geschwindigkeiten. Vergleicht die Ergebnisse. Bei welcher Form ist der ▶ Luftwiderstand geringer?

⚠ Teststrecke sichern, Stolperfallen beseitigen!

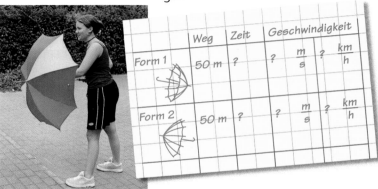

	Weg	Zeit	Geschwindigkeit	
Form 1	50 m	?	? $\frac{m}{s}$	? $\frac{km}{h}$
Form 2	50 m	?	? $\frac{m}{s}$	? $\frac{km}{h}$

▶ Reibung 87

72

▶ Luftwiderstand 85

4 Strömungslinien sichtbar gemacht

Schneide aus Löschpapier unterschiedliche Formen aus. Markiere am oberen Rand z. B. mit einem roten wasserlöslichen Filzstift einige Farbpunkte und hänge das Löschpapier an das Gefäß mit Wasser.

Beobachte den Verlauf der Strömungslinien (▶ Stromlinienform). Welche Form ist die günstigste? Begründe!

5 Die Form hilft

a) Moderne Fahrzeuge fahren im Vergleich zu früheren sehr schnell. Warum war es nötig, dafür die Form zu ändern? Wiederhole den vorherigen Versuch mit den Umrissen alter und neuer Fahrzeuge. Was fällt dir auf?

b) Findest du weitere Beispiele aus Natur und Technik, wo die ▶ Stromlinienform eine Rolle spielt? Fertige dazu eine Collage an!

6 Autos früher und heute

Was hat sich im Laufe der Zeit bei den abgebildeten Autos noch verändert? Überlegt die Vorteile und die Nachteile dieser Entwicklungen.

Autos früher und heute **H1**

Typ:	Lupo
Baujahr:	1999
Hersteller:	VW
Höchstgeschw.:	152 km/h
Leistung:	50 PS/37 KW
Leergewicht:	971 kg
Verbrauch:	5,6 l

Autos früher und heute **A3**

Typ:	Kapitän
Baujahr:	1938
Hersteller:	Opel
Höchstgeschw.:	126 km/h
Leistung:	55 PS
Leergewicht:	1230 kg
Verbrauch:	13,4 l

Autos früher und heute **C4**

Typ:	Mercedes 190C
Baujahr:	1965
Hersteller:	Daimler Benz
Höchstgeschw.:	150 km/h
Leistung:	80 PS
Leergewicht:	1250 kg
Verbrauch:	10,8 l

7 Mobil sein ist modern

Was bedeutet „mobil" sein? Erkläre!
Wie mobil möchtest du sein? Beschreibe deine Zukunftspläne!
Welche Probleme ergeben sich aus dem Wunsch nach mehr ▶ Mobilität?

Tempo, Tempo

1 Wie werden beim Fahrrad und beim ▶ Benzinmotor Antriebskräfte erzeugt? Vergleiche.
a) Gib einige Tropfen Benzin und ein Stück Korken in eine Röhre. Verschließe sie dicht, aber nicht zu fest. Schüttle kräftig bei zugehaltenem Zündloch. Halte dann einen langen, brennenden Span an das Zündloch.

⚠ Weder Deckel noch Zündloch dürfen auf Personen gerichtet sein!

b) Beschreibe in einer ▶ Wirkungskette, wie die Antriebskräfte das Fahrrad bzw. das Auto vorwärts bewegen.

3 ▶ Düsen- und Raketentriebwerke ermöglichen hohe Geschwindigkeiten.
Befestige die „Ballonrakete" am Seil und lass sie durch die Klasse sausen. Wie entsteht hier eine Antriebskraft?

2 Flugzeuge und Schiffe werden oft von ▶ Propellern angetrieben.
a) Starte einen Propellerantrieb mit Gummimotor. Teste das Modell an einem dünnen Nylonseil, das du durch den Raum spannst. Warum gibt es einen Antrieb durch den Propeller?

b) Vergleiche Flugzeugpropeller und ▶ Schiffsschrauben? Nenne Gründe für Gemeinsamkeiten und Unterschiede.

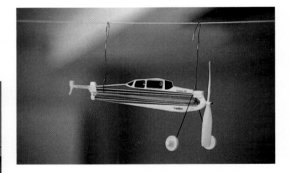

⚠ Nur im Freien starten!

4 Baue eine ▶ Rakete aus einer Kunststoffflasche nach der Bauanleitung in der Infothek und mache folgende Versuche:
a) Starte die Rakete: Pumpe sie mit einer Fahrradpumpe auf, bis sie sich vom Ventil löst.
Wie hoch steigt sie?
b) Fülle die Rakete etwa zu einem Drittel mit Wasser und starte erneut. Was erwartest du? Was passiert tatsächlich? Findest du eine Erklärung? Die Versuche auf der nächsten Seite helfen dir dabei.

5 Informiere dich über ▶ Düsen- und Raketentriebwerke. Vergleiche beide Antriebsarten.

▶ Benzinmotor 76   ▶ Wirkungskette 91   **74**   ▶ Propeller 86   ▶ Schiffsschraube 87
▶ Düsentriebwerk 79   ▶ Rakete 86

Sicherheitsausrüstung verwenden!

6 Vorwärts durch Rückstoß!

a) Versuche, auf Inline-Skates einen Partner bzw. eine Partnerin von dir wegzuschieben. Wer bewegt sich?

b) Stoße einen Medizinball nach vorn von dir weg. Wiederhole den Versuch einige Male und stoße jedes Mal etwas kräftiger. Spürst du einen ► Rückstoß? Wann ist er besonders stark?

c) Vergleiche die Raketenversuche mit deinen Rückstoßversuchen auf Rollschuhen. Was entspricht dem Inlinefahrer, was entspricht den Bällen? Wodurch entsteht der Rückstoß?

d) Erkläre mithilfe des ► Teilchenmodells, weshalb die hohen Temperaturen der Verbrennungsgase bei Düsen und Raketen die Antriebskräfte verstärken.

e) Beschreibe in vollständigen Wirkungsketten Bewegungen mit Propeller-, Düsen- und Raketentriebwerken.

7 Von der Natur abgeschaut?

Viele Tierarten benutzen das Rückstoßprinzip schon seit ewigen Zeiten. Erkläre, wie ► Fische, ► Tintenfische und ► Vögel den Rückstoß zur Fortbewegung einsetzen.

Tintenfisch beim Einsaugen – und beim Ausstoßen von Wasser

▶ Auftriebskraft

Beim Tauchen kannst du spüren, dass der Druck auf deine Ohren zunimmt, je tiefer du tauchst. Dieser Druck gibt Körpern im Wasser einen Auftrieb:

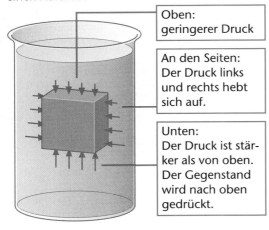

Oben:
geringerer Druck

An den Seiten:
Der Druck links und rechts hebt sich auf.

Unten:
Der Druck ist stärker als von oben. Der Gegenstand wird nach oben gedrückt.

Auftriebskräfte gibt es auch in anderen flüssigen und in gasförmigen Stoffen. Sie sind umso kleiner, je kleiner die Dichte des Trägerstoffs ist. Ein Heißluftballon nutzt z. B. die Auftriebskräfte der Luft (Bernoulli-Prinzip).

Auftriebskräfte hängen nur vom Volumen ab: Bei flachen Gegenständen sind die Druckunterschiede zwischen Ober- und Unterseite zwar kleiner als bei kompakten Körpern, sie wirken aber auf eine größere Fläche. Die Auftriebskraft ist in beiden Fällen gleich.
In Wasser werden also alle Gegenstände scheinbar leichter.
Archimedes, ein bedeutender griechischer Forscher, fand etwa um 250 v. Chr. heraus:

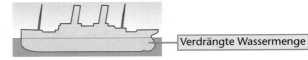

Der Gewichtsverlust entspricht dem Gewicht des verdrängten Wassers. (Archimedisches Prinzip)

Verdrängte Wassermenge

Ein Schiff taucht so weit ins Wasser ein, bis der Auftrieb das Gewicht ausgleicht. Das Gewicht des verdrängten Wassers ist gleich dem Gewicht des Schiffs.

▶ Benzinmotor

Meist findet man heute in Autos so genannte Ottomotoren im Viertaktbetrieb: Im Vergaser werden zunächst kleine Mengen Treibstoff mit Luft gemischt. Der Motor verarbeitet das Gemisch in vier Takten.

Einlassventil   Zündkerze
                 Auslassventil

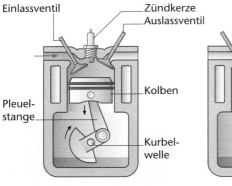

Kolben

Pleuel-
stange

Kurbel-
welle

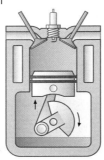

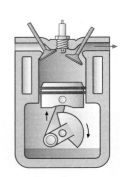

Takt 1:
Das Benzin-Luft-Gemisch wird angesaugt, wenn sich der Kolben nach unten bewegt.

Takt 2:
Das Gemisch wird durch die Aufwärtsbewegung des Kolbens stark zusammengedrückt.

Takt 3:
Hier entsteht die eigentliche Motorkraft: Das Gemisch wird durch einen Funken gezündet. Die Explosion treibt den Kolben nach unten.

Takt 4:
Die Verbrennungsgase werden durch eine weitere Aufwärtsbewegung des Kolbens herausgedrückt.

▶ Bernoulli-Prinzip

Der Schweizer Daniel Bernoulli fand 1738 heraus, dass in einem Gas (oder in einer Flüssigkeit) der Druck umso mehr abnimmt, je schneller die Strömung wird. Dieses physikalische Gesetz wird Bernoulli-Prinzip genannt. Wenn du zwischen zwei Papier-Blättern durch Pusten eine Luftströmung erzeugst, verringerst du dadurch den Druck. Auf der Außenseite der Blätter herrscht ein größerer Druck als dazwischen, deshalb werden die Blätter zusammengedrückt. Die Flügel eines Vogels und Flugzeugtragflächen sind so geformt, dass die Luft an ihrer Oberseite schneller strömt als an der Unterseite. Dadurch entsteht an der Oberseite ein geringerer Druck als an der Unterseite. Dieser Druckunterschied sorgt für den Auftrieb, der das Flugzeug in der Luft hält. Auch die Flügel einer Schiffsschraube oder eines Propellers sind wie eine Tragfläche geformt. Hier verstärkt der

Druckunterschied zwischen Vorder- und Rückseite den Vortrieb des Schiffs oder Flugzeugs. Das Bernoulli-Prinzip gilt auch bei Düsentriebwerken. Hier werden die ausgestoßenen Teilchen immer schneller, da der Durchmesser des Triebwerks nach hinten abnimmt.

▶ Bruttoregistertonnen

Das Volumen von Schiffen wird in Registertonnen angegeben. Dieses Raummaß entstand in der Hansezeit und gab damals die Anzahl der zu ladenden Tonnen bzw. Fässer an. Eine Registertonne (RT) entspricht heute einem Volumen von 100 Kubikfuß, das sind 2,83 Kubikmeter. In Bruttoregistertonnen (BRT) wird der gesamte Schiffsraum, in Nettoregistertonnen (NRT) der Raum für Ladung und Passagiere angegeben.

▶ Cartesischer Taucher

Ein gekaufter Flaschenteufel ist innen hohl und besitzt eine kleine Öffnung. Nimmt der Druck auf den Flascheninhalt zu, dringt ein klein wenig mehr Wasser in die Figur ein, die Luftblase darin wird kleiner und der Taucher schwerer. Er sinkt. Lässt der Druck auf die Flasche nach, dehnt sich die Luftblase auf die alte Größe aus und der Taucher steigt nach oben.

▶ Dekompressionskammer

In Dekompressionskammern kann künstlich hoher Druck erzeugt werden. Wenn Taucher längere Zeit Druckluft in größerer Tiefe geatmet haben, löst sich mehr Gas im Blut, als bei normalen Druckverhältnissen. Wenn sie zu schnell auftauchen, dann bilden sich kleine Gasbläschen im Blut. Das führt zu Lähmungen und zum Tod. Um das zu verhindern muss man beim Auftauchen lange Pausen einlegen. Taucher, die in sehr großen Tiefen gearbeitet haben, müssten tagelange Pausen beim Auftauchen einlegen. Deshalb werden sie von einer Dekompressionskammer in der Tiefe abgeholt. Der Druck in der Kammer entspricht dem Druck der Wassertiefe auch dann noch, wenn die Kammer auf dem Versorgungsschiff steht. Dort wird dann im Laufe von 8 Tagen, in denen die Taucher die Kammer nicht verlassen dürfen, der langsame Druckabbau durchgeführt.

▶ Dichte

Gleich große Gegenstände können unterschiedlich schwer sein. Sie unterscheiden sich durch ihre Dichte. Die Dichte eines Stoffs bestimmt man mit der Formel:

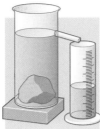

| Masse in g | geteilt durch | Volumen in cm³ (1 ml = 1 cm³) |

$$\text{Dichte } (\varrho) = \frac{\text{Masse } (m)}{\text{Volumen } (V)}$$

(ϱ ist der griech. Buchstabe Rho)

Dichtewerte werden in Gramm pro Kubikzentimeter (g/cm³), bei Gasen auch in Gramm pro Liter (g/l) angegeben.

▶ Druck

Ein Druck entsteht, wenn Kräfte auf eine Fläche wirken:

$$\text{Druck } (p) = \frac{\text{Kraft } (F)}{\text{Fläche } (A)}$$

Kräfte werden in Newton (N) gemessen. Flächen in Quadratmetern (m²). Druck wird angegeben in Pascal (Pa).

$$1 \text{ Pascal } (Pa) = \frac{1 \text{ Newton } (N)}{\text{Quadratmeter } (m^2)}$$

1 Pascal (Pa) ist ein sehr kleiner Druck. Deshalb benutzt man Vielfache davon, z. B. 100 Pa = 1 hPa (Hektopascal). Oft wird Druck in bar angegeben. Bei einem Druck von 1 bar wirkt die Kraft von 10 N (1 kg) auf die Fläche von 1 cm². Rechnet man bar in Pascal um, dann ist 1 bar = 100 000 Pa.
Der Luftdruck am Boden beträgt etwa 100 000 Pa = 1 bar.
Die Gewichtskraft der Luft drückt also mit 10 N auf jeden cm² der Erdoberfläche. Der Luftdruck sinkt mit der Höhe. Im Gebirge herrscht ein geringerer Druck als auf Meereshöhe.
Die Dichte von Wasser ist viel größer als die

Stoff	Dichte
Aluminium	2,7 g/cm³
Eisen	7,87 g/cm³
Blei	11,34 g/cm³
Gold	19,3 g/cm³
Eis	0,917 g/cm³
Glas	2,4 g/cm³
Holz	0,3–1,1 g/cm³
Styropor	0,017 g/cm³
Wasser (bei 4 °C)	1,00 g/cm³
Luft (bei 0 °C und 1013 hPa)	1,29 g/l

Ist die durchschnittliche Dichte eines Körpers gleich der von Wasser, so wird er im Wasser schweben. Ist sie kleiner, treibt ihn die Auftriebskraft zur Wasseroberfläche. Bei größeren Dichten sinkt ein Körper.

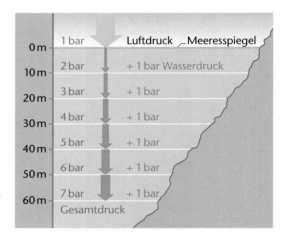

von Luft. Pro 10 m Wassertiefe erhöht sich der Druck um 1000 hPa = 1 bar.
In Luft und Wasser wirkt der Druck in allen Richtungen.
Im Gegensatz zu Wasser lässt sich Luft zusammenpressen. Das ist möglich, weil zwischen den Luft-Teilchen viel freier Raum ist.
In die 10-Liter-Pressluftflaschen von Tauchern werden 2000 l Luft gepresst. In so einer Flasche herrscht dann ein Druck von 200 000 hPa = 200 bar.

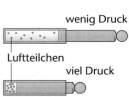

▶ Düsentriebwerk

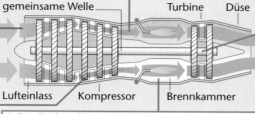

1. Durch den Lufteinlass strömen große Mengen Luft in das Triebwerk.

2. Im Kompressor werden die Luftmassen in mehreren Stufen durch schnell drehende Schaufelblätter zusammengepresst. Neben dem Druck erhöht sich dabei die Lufttemperatur auf fast 600 °C.

3. Der Kompressor drückt die heiße Luft mit einer Geschwindigkeit von etwa 350 km/h in die Brennkammern, in die zusätzlich mit hohem Druck Treibstoff (Kerosin) eingesprüht wird.

4. Das Treibstoff-Luft-Gemisch entzündet sich und verbrennt bei hohen Temperaturen. Der Druck in den Brennkammern erhöht sich dadurch auf ein Vielfaches.

5. Die Verbrennungsgase treiben zunächst über die Turbine und die gemeinsame Welle den Kompressor an.

6. Schließlich verlassen die heißen Gase das Triebwerk mit einer Geschwindigkeit von über 2000 km/h. Sie erzeugen einen gewaltigen Rückstoß und treiben dadurch Flugzeuge vorwärts.

gemeinsame Welle · Turbine · Düse · Lufteinlass · Kompressor · Brennkammer

▶ Fallröhre

In der luftgefüllten Fallröhre fällt nach dem Umdrehen die Münze rasch herunter, während die Feder langsam niederschwebt.

Im Vakuum einer Fallröhre gibt es keine bremsenden Luftteilchen. Das kleine Metallstück fällt genauso schnell wie die Feder.

▶ Fallschirm

Der Fallschirmspringer nutzt die bremsende Kraft der Luftteilchen, den Luftwiderstand, und sinkt mit 5,5 m/s (19,8 km/h) hinab. Gäbe es keine bremsenden Luftteilchen, würde der Springer mit ca. 200 km/h auf die Erde zu rasen. Der Fallschirm erhält seine Stabilität in der Luft durch ein ca. 40 cm großes Loch, aus dem die Luftteilchen austreten. Ohne diese Öffnung würde er hin und her pendeln, denn die gestaute Luft könnte dann nur am Rand des Schirms entweichen.

▶ Fische

Sezieranleitung
Du brauchst:
Alte Zeitungen als Unterlage, spitze Schere, Pinzette, scharfes Messer, Lupe
Schneide so:
1. Längsschnitt vom After zur Kiemenhöhle. Vorsicht! Keine inneren Organe verletzen.
2. Bogenschnitt hinter der Kiemenhöhle.
3. Bogenschnitt vom After nach oben.
4. Körpermitte aufklappen und abtrennen.

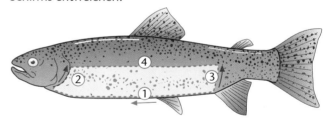

Fische steuern den Auftrieb über ihre Schwimmblase. Sie nehmen Gase über die Kiemen oder den Darm auf. Transportiert ein Fisch viel Gas in seine Schwimmblase, vergrößert er seinen Auftrieb (Auftriebskraft). Der Fisch steigt nach oben. Transportiert er Gas aus der Schwimmblase, sinkt er hinab, so wie beim Cartesischen Taucher.
Mit den Brustflossen stabilisieren Fische ihre Schwimmlage. Außerdem dienen sie zur Steuerung. Die Schwanzflosse sorgt für den Vortrieb. Dabei wird Wasser nach hinten und zur Seite

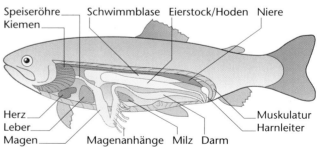

Speiseröhre · Kiemen · Schwimmblase · Eierstock/Hoden · Niere · Herz · Leber · Magen · Magenanhänge · Milz · Darm · Muskulatur · Harnleiter

weggestoßen. Forellen beschleunigen bei einem Blitzstart, durch den Rückstoß, fast so schnell wie eine Rakete.

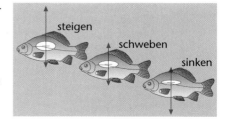

steigen · schweben · sinken

► Fliegen

Fliegen zu können, bedeutet für den Menschen Macht über die Natur zu haben. Als er noch nicht selbst fliegen konnte, gab er seinen Göttern und Dämonen diese Fähigkeit.

1976
Mit etwa 2125 km/h fliegt die Concorde schneller als der Schall. In ca. 10 000 Meter Höhe befördert sie bis zu 130 Fluggäste in ca. 3 Stunden über den Atlantik. Weil sie so laut ist, darf sie nur auf wenigen Flugplätzen starten.

1981
Start der 1. Raumfähre (Columbia)

ab 1970
Großraumflugzeuge

1969
Armstrong, Aldrin
Die ersten Menschen betreten den Mond

1961
Gagarin
1. Mensch im Weltall

1943
Start von Raketen

1939
1. Flug eines Düsenflugzeugs

1926
Gründung der Lufthansa

1919
Junkers 1. Passagierflugzeug

Fast zeitgleich vollendeten die **Gebrüder Wright 1903** ihre Flugkonstruktion mit dem Einbau eines Benzinmotors. Beim ersten Versuch blieb ihr Flyer 12 Sekunden in der Luft. Er flog 53 Meter weit. Beim vierten Versuch waren es schon 60 Sekunden und eine Strecke von 260 Meter.

Als Begründer der modernen Luftfahrt gelten zwei Geschwisterpaare. **Otto Lilienthal (1848 – 1896)** und sein Bruder Gustav konstruierten einen Gleiter mit der entscheidenden gewölbten Flügelkonstruktion und einem festen Leitwerk. Ihr erster Gleitflug **1895** dauerte kaum drei Minuten. Drachenflieger können heute stundenlang in der Luft bleiben.

1903
Wright
1. Motorflugzeug

1895
v. Lilienthal
1. Gleitflug

1900
Graf Zeppelin
1. Luftschiff

1783
Montgolfier
1. Ballonaufstieg

— 1990
— 1980
— 1970
— 1960
— 1950
— 1940
— 1930
— 1920
— 1910
— 1900
vor 1900

Flugzeuge der Zukunft
Möglicherweise können bald 700 Passagiere in einer Maschine Platz finden.

1970
Als die Boeing 747, der erste Großraumjet für bis zu 500 Passagiere, 1970 eingesetzt wurde, fragte man sich, ob es je genügend Passagiere gäbe, um diese Maschine auszulasten. Heute fliegen Millionen Urlauber damit zu ihren Ferienzielen.

Ab da ging die Entwicklung rasend schnell ...

1929
Das Luftschiff „Graf Zeppelin" brach zu einer dreiwöchigen Weltreise auf. Zeppeline wurden damals noch mit Wasserstoff gefüllt. Heute verwendet man Helium.

Leonardo da Vinci (1452 – 1519) war der erste Mensch, der versuchte, mit naturwissenschaftlichen Methoden dem Geheimnis des Fliegens auf die Spur zu kommen. Er nahm die Vögel zum Vorbild und zeichnete mehr als 500 Flugmaschinen, die aber alle noch nicht funktionierten.

Eine griechische Sage (ca. 3000 v. Chr.):
Der Grieche Dädalus – ein bekannter Erfinder – wurde mit seinem Sohn Ikarus von König Minos gefangen genommen und auf die Insel Kreta verschleppt. Dädalus wollte fliehen. Er baute für sich und seinen Sohn Flügel aus Vogelfedern und Wachs. Doch sie flogen zu nah an die Sonne und das Wachs schmolz. Vater und Sohn stürzten ins Ägäische Meer.

▶ Flügel

Flugzeuge und Vögel werden von der Luft getragen. Wer schon einmal seine Hand aus einem fahrenden Auto gehalten hat, weiß, dass die Luftströmung einen starken Druck ausübt. Ein Flugzeug kann erst dann vom Erdboden abheben, wenn es eine bestimmte Geschwindigkeit erreicht hat. Der Fahrtwind umströmt die Flügel so, dass der größte Teil des Fahrtwindes unter den Flügel gedrückt wird. Durch die Stromlinienform des Rumpfes versucht man den Luftwiderstand so gering wie möglich zu halten.

Hat das Flugzeug seine Flughöhe erreicht, kann es dort weiterfliegen, weil seine Tragflächen eine besondere Form haben und beweglich sind: Die Flügel sind an ihrer Oberseite stärker

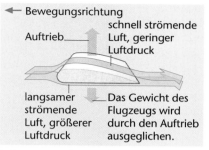

← Bewegungsrichtung

Auftrieb — schnell strömende Luft, geringer Luftdruck

langsamer strömende Luft, größerer Luftdruck — Das Gewicht des Flugzeugs wird durch den Auftrieb ausgeglichen.

Luftstrom an der Tragfläche eines fliegenden Flugzeugs

Der obere Luftstrom reißt ab, die Luft strömt langsamer, der Auftrieb bleibt aus.

Aufgrund seines Gewichts fällt das Flugzeug, sobald der Auftrieb weg ist.

Luftstrom an der Tragfläche eines durchsackenden Flugzeugs

gewölbt als an der Unterseite. An der Oberseite müssen die Luftteilchen schneller als an der Unterseite sein, weil sie einen längeren Weg haben. Das bewirkt nach dem Bernoulli-Prinzip auf der Oberseite einen geringeren Luftdruck als an der Unterseite. Dadurch entsteht eine Auftriebskraft, die das Flugzeug in der Luft hält. Wenn der Luftstrom über dem Flügel langsamer wird, nimmt auch der Auftrieb ab, das Flugzeug sinkt.

▶ Flugsamen

Auf Java findet man Samen, die bei günstigem Wind kilometerweit fliegen. Zanonia ist eine Verwandte des Kürbis und klettert an Urwaldbäumen empor.

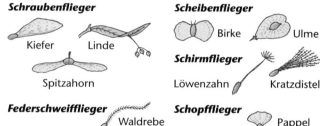

Schraubenflieger
Kiefer   Linde
Spitzahorn

Scheibenflieger
Birke   Ulme
Schirmflieger
Löwenzahn   Kratzdistel

Federschweifflieger
Waldrebe

Schopfflieger
Pappel

Das sind Pflanzensamen, die durch den Wind verbreitet werden.

▶ Flugzeug

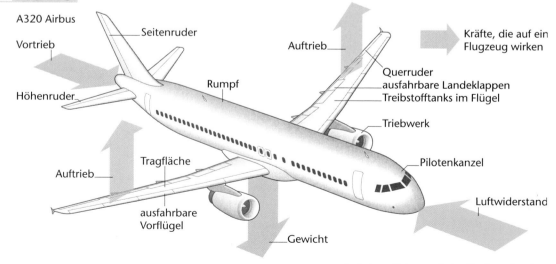

A320 Airbus

Vortrieb

Seitenruder

Höhenruder

Rumpf

Auftrieb

Tragfläche

ausfahrbare Vorflügel

Gewicht

Auftrieb

Kräfte, die auf ein Flugzeug wirken

Querruder
ausfahrbare Landeklappen
Treibstofftanks im Flügel

Triebwerk

Pilotenkanzel

Luftwiderstand

Auf der nächsten Seite findest du eine Bauanleitung für ein Gleitflugzeug.

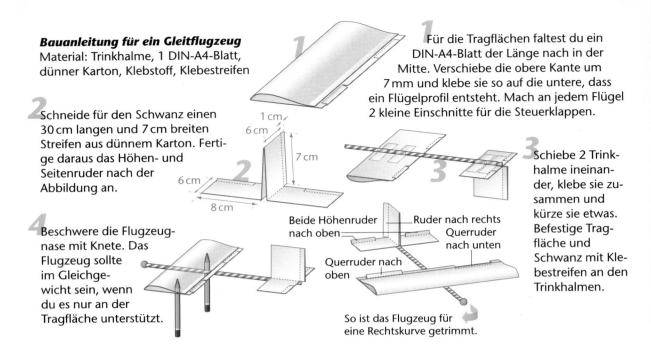

Bauanleitung für ein Gleitflugzeug

Material: Trinkhalme, 1 DIN-A4-Blatt, dünner Karton, Klebstoff, Klebestreifen

1 Für die Tragflächen faltest du ein DIN-A4-Blatt der Länge nach in der Mitte. Verschiebe die obere Kante um 7 mm und klebe sie so auf die untere, dass ein Flügelprofil entsteht. Mach an jedem Flügel 2 kleine Einschnitte für die Steuerklappen.

2 Schneide für den Schwanz einen 30 cm langen und 7 cm breiten Streifen aus dünnem Karton. Fertige daraus das Höhen- und Seitenruder nach der Abbildung an.

3 Schiebe 2 Trinkhalme ineinander, klebe sie zusammen und kürze sie etwas. Befestige Tragfläche und Schwanz mit Klebestreifen an den Trinkhalmen.

4 Beschwere die Flugzeugnase mit Knete. Das Flugzeug sollte im Gleichgewicht sein, wenn du es nur an der Tragfläche unterstützt.

Beide Höhenruder nach oben
Ruder nach rechts
Querruder nach unten
Querruder nach oben

So ist das Flugzeug für eine Rechtskurve getrimmt.

▶ Gangarten

Vierbeiner gehen im Kreuzgang (z. B. Pferd, Hund) oder im Passgang (z. B. Kamel, Bär). Im Passgang werden Vorder- und Hinterbein derselben Seite nacheinander gesetzt. Beim Kreuzgang folgt auf das linke Vorder- das rechte Hinterbein.
Die schnellste Fortbewegungsart ist der Galopp, bei dem abwechselnd die Vorder- und Hinterbeine gleichzeitig aufgesetzt werden. Für kurze Zeit sind alle Beine in der Luft.

Passgang   Galopp

Sohlengänger

Insektenfresser (z. B. Igel, Spitzmaus), Nagetiere (z. B. Hamster, Eichhörnchen, Maus, Kaninchen, Hase), Bären, Menschen.
Beim Gehen wird die ganze Sohle auf den Boden gesetzt. Sohlengänger bewegen sich meist im Kreuzgang, der Bär allerdings geht im Passgang. Es fällt ihnen leicht, sich auf ihren Hinterbeinen aufzurichten um ihre Vorderbeine zum Greifen oder Festhalten zu benutzen.

Zehengänger

Raubtiere wie z. B. Hund, Wolf, Katze, Jaguar. Nur die Zehen werden beim Laufen aufgesetzt. Ballen unter den Zehen federn den Körper ab, die Krallen am Ende der Zehen verhindern das Wegrutschen auf weichem Untergrund. Viele Zehengänger können sich gut anschleichen und sehr schnell werden, wenn sie sich im Galopp bewegen.
Gürteltiere gehen sogar nur auf ihren Krallen.

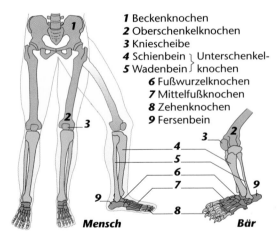

1 Beckenknochen
2 Oberschenkelknochen
3 Kniescheibe
4 Schienbein ⎤ Unterschenkel-
5 Wadenbein ⎦ knochen
6 Fußwurzelknochen
7 Mittelfußknochen
8 Zehenknochen
9 Fersenbein

Mensch   Bär

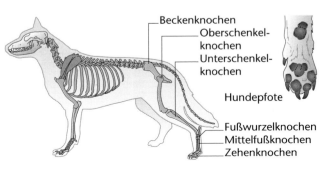

Beckenknochen
Oberschenkelknochen
Unterschenkelknochen

Hundepfote

Fußwurzelknochen
Mittelfußknochen
Zehenknochen

Zehenspitzengänger

Elefanten, Huftiere wie z. B. Pferde, Nashörner, Kamele, Hirsche, Giraffen, Rinder, Schweine.

Die Tiere treten mit einer oder mehreren großen, starken Zehenspitzen auf, die oft von einem festen Hornschuh umkleidet sind. Elefanten und Kamele haben ein Fettpolster mit einer Hornsohle unter den Zehen. Zu dieser Tiergruppe gehören sehr ausdauernde, aber auch sehr schnelle Lauftiere. Elefanten, Giraffen und Kamele bewegen sich dabei im Passgang.

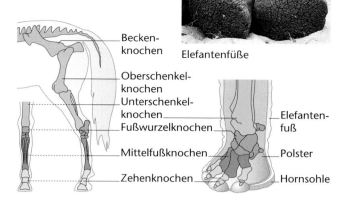
Elefantenfüße

Beckenknochen
Oberschenkelknochen
Unterschenkelknochen
Fußwurzelknochen
Mittelfußknochen
Zehenknochen
Elefantenfuß
Polster
Hornsohle

► Gaswägekugel

Mit einer Gaswägekugel bestimmt man die Masse von Gasen. Man erzeugt in ihr ein Vakuum und wiegt sie. Danach füllt man sie mit einem Gas und vergleicht die Gewichte der gefüllten und der leeren Kugel.

► Geschwindigkeit

Die Geschwindigkeit eines Körpers gibt an, welchen Weg er in welcher Zeit zurücklegt.

$$\text{Geschwindigkeit (v)} = \frac{\text{Weg (s)}}{\text{Zeit (t)}}$$

Sie wird in Meter pro Sekunde (m/s) oder in Kilometer pro Stunde (km/h) angegeben.

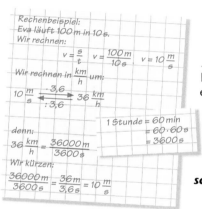

Rechenbeispiel:
Eva läuft 100 m in 10 s.
Wir rechnen:

$$v = \frac{s}{t} \quad v = \frac{100\,m}{10\,s} \quad v = 10\,\frac{m}{s}$$

Wir rechnen in $\frac{km}{h}$ um:

$$10\,\frac{m}{s} \xleftrightarrow[: 3,6]{\cdot\, 3,6} 36\,\frac{km}{h}$$

denn:

$$36\,\frac{km}{h} = \frac{36000\,m}{3600\,s}$$

1 Stunde = 60 min
= 60·60 s
= 3600 s

Wir kürzen:

$$\frac{36000\,m}{3600\,s} = \frac{36\,m}{3,6\,s} = 10\,\frac{m}{s}$$

Die Geschwindigkeit 36 km/h ist die Angabe einer **Durchschnittsgeschwindigkeit**, denn Eva läuft einmal schneller und einmal langsamer auf der 100-m-Strecke.

Ein Tachometer zeigt dagegen die Geschwindigkeit zu jedem Zeitpunkt an, also die **Momentangeschwindigkeit**.

► Gleitflug

Ein Vogel im Gleitflug kommt ohne Flügelschlag vorwärts und verliert dabei an Höhe. Wie weit er gleiten kann, hängt von der Größe der Flügel und von seinem Gewicht ab.

Beim Segelflug nutzen die Vögel die aufsteigende Warmluft (Thermik). Ohne Flügelschlag können sie so an Höhe gewinnen.

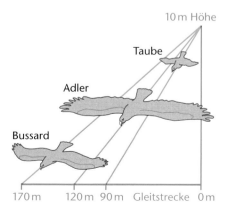

10 m Höhe
Taube
Adler
Bussard
170 m   120 m   90 m   Gleitstrecke   0 m

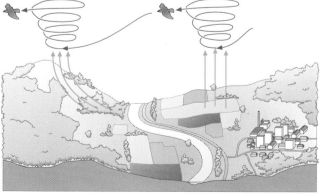

▶ Heißluftballon

Ein Heißluftballon ist unten offen. Mit einem Flüssiggasbrenner wird die Luft in ihm stark erhitzt. Heiße Luft dehnt sich aus und entweicht teilweise durch die untere Öffnung. Die verbleibende Luft hat eine viel kleinere Dichte als die Außenluft. So wird der gesamte Ballon trotz

Ausrüstung und Passagieren leichter als die Luftmenge, die er durch sein Volumen verdrängt. Durch die so entstandenen Auftriebskräfte in der Luft kann er steigen. Beim Abkühlen wird die Dichte der Luft im Ballon wieder größer, der Ballon sinkt.

Bauanleitung

Du brauchst:
- 27 Blätter buntes Seidenpapier
- flüssigen Klebstoff
- 1,50 m dünnen Draht
- 10 Wäscheklammern
- Schere
- ein Stück leichtes Band

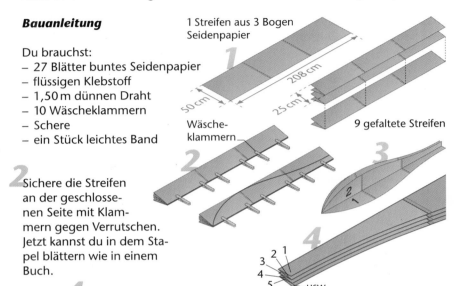

1 Streifen aus 3 Bogen Seidenpapier

208 cm
50 cm
25 cm

Wäscheklammern

9 gefaltete Streifen

1 Klebe drei Blatt Seidenpapier an den schmalen Seiten zu einem Streifen zusammen. Stelle so neun Streifen her. Falte sie in der Mitte. Lege sie übereinander (nicht ineinander!).

2 Sichere die Streifen an der geschlossenen Seite mit Klammern gegen Verrutschen. Jetzt kannst du in dem Stapel blättern wie in einem Buch.

3 Schneide den Streifenstapel auf die Form eines „halben Fischs".
Nummeriere die Blätter fortlaufend.

4 Klebe benachbarte Blätter an den Kanten aneinander: Lass Blatt 1 ungeklebt, beginne mit Kante 2 und 3, dann 4 und 5 usw … Vorsicht! Nicht die Kanten eines Streifens miteinander verkleben!

Zum Schluss verklebe Blatt 1 mit dem letzten Blatt, um eine geschlossene Form zu erhalten. Verstärke die kreisförmige Öffnung an der Unterseite durch einen eingeklebten Drahtring.

▶ Kraft

Kräfte erkennt man an ihrer Wirkung. Sie können Dinge verformen, bewegen und abbremsen.
Kräfte werden in Newton (N) gemessen. Eine Kraft von 1 N wird benötigt, um einen 102 g schweren Gegenstand (z. B. eine Tafel Schokolade) zu heben oder um eine Masse von 1 kg in einer Sekunde auf die Geschwindigkeit von 1 m/s zu bringen.

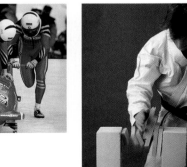

max. 5 N

1 N
0,5 N

Kraftmesser

▶ Kraftmesser

Zur Messung von Kräften werden häufig Federkraftmesser benutzt. Die Größe der Kraft kann aus der Verlängerung einer geeichten Spiralfeder abgelesen werden.

Vor Benutzung eines Kraftmessers solltest du durch Verschieben einer Hülse oder einer Markierung sicherstellen, dass das Gerät den Wert Null anzeigt.

▶ Luft

Luft ist ein Gasgemisch. Neben den Hauptanteilen Stickstoff und Sauerstoff enthält sie noch Edelgase und Kohlenstoffdioxid.
Luftteilchen sind immer in Bewegung und verteilen sich im Raum. Wir merken ihre Bewegung erst, wenn wir sie, z. B. durch Fächeln mit der Hand, beschleunigen oder wenn es windig ist. In einem Gas ist der Teilchenabstand sehr groß, es bestehen fast keine Anziehungskräfte zwischen den Gasteilchen.

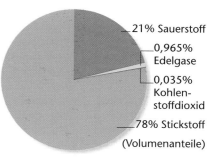

21% Sauerstoff
0,965% Edelgase
0,035% Kohlenstoffdioxid
78% Stickstoff
(Volumenanteile)

▶ Luftwiderstand

Fallen verschiedene, gleich schwere Körper im luftgefüllten Raum, dann kommt es auf ihre Form an, ob sie langsam oder schnell fallen.

– fällt schnell
– kompakte Form
– wenig Luftteilchen bremsen
– kleiner Luftwiderstand

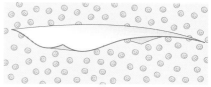

– fällt langsam
– große Oberfläche
– viele Luftteilchen bremsen
– großer Luftwiderstand

▶ Messzylinder

Mit einem Messzylinder bestimmst du das Volumen von Flüssigkeiten. Meist ist die Flüssigkeitsoberfläche leicht gekrümmt. Achte darauf, dass du die Skala des Messzylinders an der tiefsten Stelle der Flüssigkeitsoberfläche abliest.

Messzylinder: So liest man richtig ab.

▶ Mobilität

Durch die modernen Verkehrsmittel ist unsere Mobilität (= Beweglichkeit) stark gestiegen. Neben vielen angenehmen Möglichkeiten ergeben sich auch Probleme wie zunehmendes Verkehrsaufkommen und verstärkte Umweltbelastung.

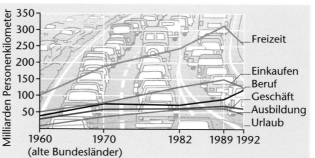

Für diese Zwecke wurden in den letzten Jahrzehnten die meisten Kilometer mit dem Auto gefahren.

▶ Papierflieger

Baue den Flieger aus glattem Schreibpapier. Je sorgfältiger du arbeitest, desto besser fliegt er.
Tipps zur Startvorbereitung:
– Überprüfe zunächst, ob dein Flieger ganz symmetrisch ist, er kann sonst nicht geradeaus fliegen.
– Die Wurftechnik ist wichtig! Richtig abgeworfen fliegt er nicht nach oben sondern gleichmäßig in einem flachen Winkel nach unten.
– Trimme den Flieger sehr vorsichtig und überprüfe zwischendurch immer wieder die Wirkung der Veränderungen.

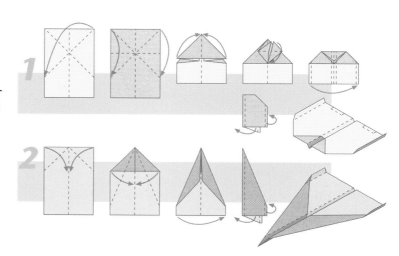

▶ Propeller

Beim Flugzeugtriebwerk schleudern Propeller
große Mengen Luft mit hoher Geschwindigkeit
nach hinten. Sie erzeugen dadurch einen
Rückstoß, der das Flugzeug vorwärts treibt.
Die einzelnen Propellerblätter haben meist das
Profil einer Tragfläche (Bernoulli-Prinzip):
Durch die Wölbung an der Vorderseite wird der
Vortrieb verstärkt.

▶ Rakete

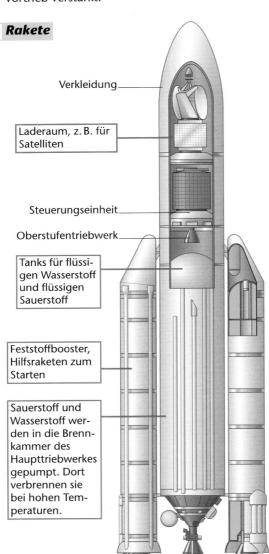

Verkleidung

Laderaum, z. B. für
Satelliten

Steuerungseinheit

Oberstufentriebwerk

Tanks für flüssi-
gen Wasserstoff
und flüssigen
Sauerstoff

Feststoffbooster,
Hilfsraketen zum
Starten

Sauerstoff und
Wasserstoff wer-
den in die Brenn-
kammer des
Haupttriebwerkes
gepumpt. Dort
verbrennen sie
bei hohen Tem-
peraturen.

Haupttriebwerk
Es entsteht ein hoher Druck. Die heißen Gasteil-
chen sind sehr schnell. Durch die Verengung der
Düse wird die Geschwindigkeit noch gesteigert
(Bernoulli-Prinzip).

Raketen werden durch Rückstoß angetrieben.
Die Antriebskraft ist von der Masse und ihrer
Ausstoßgeschwindigkeit abhängig. Sehr heiße
Verbrennungsgase haben den Vorteil, dass ihre
Gasteilchen besonders schnell sind.

Bauanleitung für eine Wasserrakete

Du brauchst: Blitzventil für Fahrradreifen, Tropffläschchen aus Kunst-
stoff, Luftpumpe

Schneide die Spitze des
Fläschchens so weit ab, dass
sich das Ventil hinein-
stecken lässt.

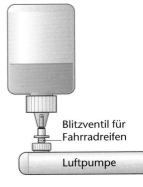

Blitzventil für
Fahrradreifen

Luftpumpe

Fülle das Fläschchen zu
einem Drittel mit Wasser.
Pumpe es mit 2–4 Pum-
penstößen auf. Gib ihm
einen leichten Stoß, damit
es sich vom Ventil löst.

▶ Reibung

Ein Körper kann noch so glatt aussehen, seine Oberfläche weist stets kleine Unebenheiten auf, die Reibung verursachen. Steigt der Druck zwischen den Berührungsflächen, erhöht sich die Reibung. Ohne Reibung würde ein Gegenstand seine aufgenommene Bewegung endlos fortsetzen. Man kann Reibung verringern, aber nie ganz vermeiden.

Beim Kugellager verringert die Fettschicht zwischen den Kugeloberflächen die Reibung. Beim Luftkissenboot ist es die Luft zwischen dem Wasser und dem Schiff die die Reibung verringert. Oft ist Reibung erwünscht, z. B. bei Bremsen oder bei Kurvenfahrten. Wird die Rei-

Gleitreibung   Reibung an Flüssigkeit   Rollreibung

bung zwischen Reifen und Straßenbelag verringert, z. B. durch einen Ölfleck, führt das bei Zweirädern meist zum Sturz.

Man unterscheidet Haft-, Gleit- und Rollreibung. Bevor sich im Versuch der Klotz bewegt, wirkt die Haftreibung. Sie ist am stärksten. Während der Bewegung wirkt die Gleitreibung. Sie ist geringer. Liegt der Klotz auf Rollen, wirkt die Rollreibung. Sie ist am geringsten.

▶ Rückstoß

Ein Körper kann einen zweiten durch einen Kraftstoß fortschleudern. Während der Wirkungsdauer der Kraft reagiert der zweite Körper mit einer gleich großen Gegenkraft (Wechselwirkungsgesetz). Der erste Körper erhält durch die Gegenkraft ebenfalls einen Stoß, den so genannten Rückstoß.

Bei Propeller-, Düsen- und Raketenantrieben werden große Mengen von Luft bzw. Verbrennungsgasen fortgeschleudert. Die Gegenkräfte der beschleunigten Gasteilchen treiben die Fluggeräte nach vorn, es entsteht ein Rückstoß.

Rückstoß beim Abfeuern eines Gewehrs

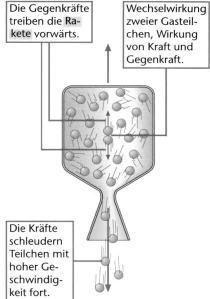

Die Gegenkräfte treiben die Rakete vorwärts.

Wechselwirkung zweier Gasteilchen, Wirkung von Kraft und Gegenkraft.

Die Kräfte schleudern Teilchen mit hoher Geschwindigkeit fort.

Rückstoß beim Raketentriebwerk

▶ Schiffsschraube

Eine Schiffsschraube arbeitet ähnlich wie ein Propeller: Statt Luft schleudert sie große Mengen Wasser nach hinten. Durch den Rückstoß der Wasserteilchen wird das Schiff angetrieben. Schiffsschrauben sind wegen der größeren

Dichte des Wassers viel flacher und breiter als Propeller und drehen langsamer.

▶ Schotten

Stahlwände in einem Schiffsrumpf bezeichnet man als Schotten. Sie unterstützen die Festigkeit eines Schiffs. Im Fall eines Lecks können wasserdichte Türen in ihnen geschlossen wer-

den. Dadurch kann nur ein kleiner Teil des Schiffsrumpfs voll Wasser laufen. Das Schiff ist gegen Sinken gesichert.

▶ Schwerkraft

Auf der Erde wirkt eine Kraft, die alles zum Erd-mittelpunkt hin anzieht. Der englische Natur-wissenschaftler Isaac Newton untersuchte diese Kraft genauer und fand heraus, dass nicht nur die Erde Anziehungskraft hat, sondern alle Kör-per sich gegenseitig anziehen. Er nannte diese Kraft Massenanziehungskraft oder Gravitation. Spürbar wird die Massenanziehungskraft erst bei Körpern mit großer Masse, wie sie Planeten haben. Mit der Erdanziehungskraft leben wir täglich. Je weiter man sich von der Erde ent-fernt, desto schwächer wird die Anziehungs-kraft. Auf dem Mond wirkt die Massenanzie-hungskraft des Mondes. Im Vergleich zur Erde ist der Mond ein kleiner Planet, das heißt weni-ger Masse, also geringere Anziehungskraft. Der Jupiter hat viel mehr Masse als die Erde, also herrscht dort eine größere Massenanziehungs-kraft. Ein Beispiel: Ein Jugendlicher hat auf der Erde ein Gewicht von 54 kg. Könnte er sich auf dem Mond wiegen, würde die Waage nur 1/6 anzeigen, also 9 kg. Auf dem Jupiter jedoch das 2,4fache, nämlich 129,6 kg.

▶ Schwerpunkt

Ein Körper ist im Gleichgewicht, wenn er in seinem Schwerpunkt, auch Massenmittelpunkt genannt, unterstützt wird.
Beim Menschen ist der Schwerpunkt in der Nähe des Bauchnabels.

Ein Körper kippt, wenn sein Schwerpunktlot nicht mehr durch die Unterstützungsfläche des Körpers geht.
Ein Körper mit kleiner Unterstützungsfläche kippt leicht um.

Ein Körper mit einem tiefen Schwerpunkt kippt nicht so leicht um wie ein Körper mit hohem Schwerpunkt.

▶ Stromlinienform

Schiffe, Boote, Autos, Flugzeuge und Züge werden immer häufiger stromlinienförmig ge-baut, damit sie bei rascher Bewegung dem Wasser oder der Luft möglichst wenig Wider-stand bieten. Der Strömungswiderstand wird durch die Körperform beeinflusst. Am Verlauf der Strömungslinien kann man erkennen, ob ein Gegenstand einen großen oder kleinen Strömungswiderstand hat. Je mehr Wirbel bei der Umströmung des Gegenstandes entstehen, desto größer ist der Widerstand. Je gleichmäßi-ger die Strömungslinien verlaufen, desto günstiger ist die Stromlinienform. Auch die Oberflächenbe-schaffenheit beeinflusst den Strömungswiderstand. Man hat z. B. herausgefunden, dass man mit einer „Hai-hautfolie" bei einem Airbus die Reibung zwischen den Luft-Teilchen und dem Flugzeugflügel um 3 % re-duzieren kann. Die Kosten-ersparnis für Treibstoff ist dabei beträchtlich!
Man kann der Natur eine Menge abschauen. Die For-schung die sich damit be-schäftigt nennt man Bionik (**Bio**-logie plus Tech-**nik** = Bionik).

sehr großer Widerstand

großer Widerstand

Stromlinienform: geringer Widerstand

Stromlinienprofil: geringster Widerstand

► Tachometer

Tachometer messen Geschwindigkeit. Die augenblickliche Geschwindigkeit wird beim Fahrrad mit einem elektronischen Tachometer berechnet. Ein an einer Speiche befestigter Magnet gibt bei jeder Umdrehung einen Impuls. Je größer die Geschwindigkeit des Fahrrads, desto schnellere Umdrehungen macht der Magnet, und desto kürzer ist die Zeit zwischen den Impulsen.

Eine Umdrehung – abgerollt auf der Fahrbahn – entspricht je nach Reifengröße einer bestimmten Strecke. Bei 28er Reifengröße ist der Radumfang 2,29 m. Bei einer Radumdrehung legt man also die Strecke von 2,29 m zurück. Damit der Tacho richtig rechnet, muss die Reifengröße einprogrammiert werden. Die Uhr im Tachometer stoppt die Zeit pro Umdrehung.

Ein Rechenbeispiel:
28er Reifen = 2,29 m
gestoppte Zeit für eine Radumdrehung: 1,2 s
Geschwindigkeit: $\frac{2,29}{1,2}$ = 1,91 m/s x 3,6 = 6,87 km/h
Der Tachometer zeigt 6,87 km/h an.

28er Reifen

2,29 m

strecke, indem sie die Zahl der Radumdrehungen zählen und mit dem Radumfang multiplizieren.

Oft haben die elektronischen Tachometer mehrere Funktionen. Sie berechnen die gefahrene Gesamt-

514 Umdrehungen x 2,29 m = 1177,06 m ≈ 1,18 km

► Taucherglocke

Dass Luft in einem Gefäß auch unter Wasser einen Raum einnimmt, konnten die Menschen bereits im Jahre 1538 in Spanien bestaunen. Zwei Männer saßen mit brennenden Kerzen unter einer riesigen Bronzeglocke, und ließen sich langsam im Fluss versenken. Als nach 20 Minuten die Glocke wieder aus dem Wasser gehoben wurde lebten nicht nur die zwei Männer, auch die Kerzen brannten noch.

Die Taucherglocke war erfunden. Auch heute werden moderne Taucherglocken noch eingesetzt. Mit zunehmender Wassertiefe steigt der Wasserdruck, dadurch werden die Luftteilchen in der Glocke zusammengedrückt und das Wasser steigt in die Glocke. Um dies zu vermeiden, muss der Luftdruck in der Taucherglocke erhöht werden. In 30 m Wassertiefe herrscht ein Druck von 4 bar. In der Glocke muss mit Pressluft ein Druck von 4 bar erzeugt werden, dann bleibt es in der Glocke trocken.

► Taucherkrankheit

Die bekannteste Taucherkrankheit ist der Tiefenrausch. In mehr als 40 m Tiefe kann der Stickstoff in der Luft eine betäubende Wirkung haben. Erste Symptome sind Denk- und Reaktionsschwierigkeiten. Beim Tieftauchen wird deshalb der Stickstoff durch Helium ersetzt. Die Sicherheitsgrenze beim Tauchen beträgt 71 m. Ab dieser Tiefe kann eine Sauerstoffvergiftung

auftreten. Sie führt zu Krämpfen und Ohnmacht. Ohne sofortige Hilfe sind die Überlebenschancen schlecht. Auch zu schnelles Auftauchen kann gefährlich sein. Bei sehr großen Tiefen ist deshalb eine Dekompressionskammer notwendig.

► Tauchpanzer

In einem Tauchpanzer kann man in mehr als 200 m Tiefe arbeiten. Der Panzer schützt vor dem äußeren Wasserdruck. Im Inneren hat er einen normalen Druck, wie an der Wasseroberfläche. Daher wird keine Dekompressions-

kammer benötigt. Der Taucher arbeitet mit Greifzangen, die er von innen steuern kann. Der Tauchpanzer ist über Drahtseile mit dem Versorgungsschiff verbunden.

▶ Teilchenmodell

Alle Stoffe bestehen nach dem Teilchenmodell aus kleinsten Teilchen. Zwischen den Teilchen wirken anziehende Kräfte.
Bei Zufuhr von Wärmeenergie bewegen sich die Teilchen immer heftiger. Sie brauchen mehr Platz. Deswegen dehnen sich Stoffe bei Erwärmung aus.
Wegen der schwachen Anziehungskräfte zwischen Teilchen der Luft werden diese erst bei Temperaturen von etwa −200 °C so langsam, dass Luft flüssig wird, unter −210 °C wird Luft fest. Gasförmige Luft dehnt sich bei einer Temperaturerhöhung um 1 °C um 1/273 ihres Volumens aus.

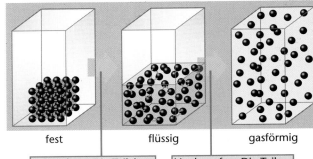

fest   flüssig   gasförmig

Schmelzen: Die Teilchen schwingen so heftig, dass sie sich aus ihrer festen Bindung lösen.

Verdampfen: Die Teilchen werden so schnell, dass sie sich völlig voneinander trennen.

▶ Tintenfische

Tintenfische sind keine Fische, sie haben keine Wirbelsäule und keine Knochen. Sie sind verwandt mit den Schnecken. An ihrem Kopf befinden sich je nach Art acht oder zehn Fangarme mit Saugnäpfen. Zu den bekanntesten Arten zählen Sepia, Kalamare und Kraken. Die kleinsten Arten werden nur etwa 5 mm groß. Riesenkraken können eine Größe von über 20 m erreichen. Zur schnellen Fortbewegung benutzen Tintenfische eine Art Düsenantrieb: In einem Hohlraum am Rumpf, der Mantelhöhle, sammeln sie Wasser und stoßen es durch einen engen Trichter mit großer Geschwindigkeit aus. Es entsteht ein Rückstoß.

▶ Überlaufgefäß

Mit einem Überlaufgefäß kann man das Volumen eines unregelmäßig geformten Körpers bestimmen. Man taucht ihn vorsichtig in das randvolle Gefäß ein und fängt das überlaufende Wasser mit einem Messzylinder auf.

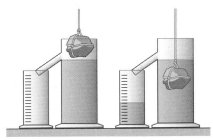

▶ U-Boot

Unterwasser-Boote haben Tauchtanks. Zum absinken lässt man Wasser in die Tanks laufen. Will man wieder auftauchen, muss man den Auftrieb erhöhen. Dazu wird das Wasser mit Pressluft aus den Tanks gedrückt.

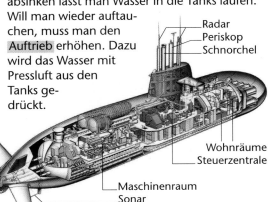

Radar
Periskop
Schnorchel

Wohnräume
Steuerzentrale

Maschinenraum
Sonar

Große U-Boote können wochenlang unter Wasser bleiben.

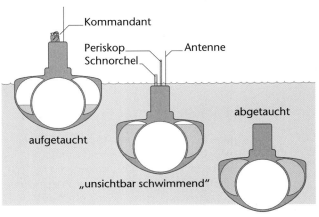

Kommandant

Periskop
Schnorchel

Antenne

aufgetaucht

abgetaucht

„unsichtbar schwimmend"

▶ Vakuum

Einen luftleeren Raum nennt man Vakuum. Im Vakuum gibt es keinen Luftwiderstand der fallende Objekte bremsen könnte.

▶ Vögel

Vögel müssen viel Energie aufbringen, um fliegen zu können. Sie haben sich daher zu besonders guten Energiesparern entwickelt:
– Vögel sind im Vergleich zu Säugetieren sehr leicht. Wiegt eine Taube etwa 400 g, so bringt ein gleich großer Igel 1000 g auf die Waage.
– Die Knochen sind dünnwandig, aber stabil.
– Viele Knochen sind hohl.
– Der Körper ist stromlinienförmig.
– Starke Brustmuskeln bewegen die Flügel.
– Das Herz schlägt schnell.
– Mithilfe von Luftsäcken, die mit der Lunge verbunden sind, nehmen sie doppelt so viel Atemluft auf wie ein Säugetier gleicher Größe.
– Um Gewicht zu vermeiden, wird die Nahrung schnell verdaut und die Reste wieder ausgeschieden.
– Federn und Schnabel bestehen aus ganz leichtem Horn.

Die Federn sind dünn, leicht und biegsam. Der Kiel ist hohl. Die Äste der Federn sind wie Klettverschlüsse miteinander verhakt und können so eine luftdichte Fläche bilden.
Schwungfedern bilden die Tragfläche des Flügels. Schwanzfedern lenken und bremsen.

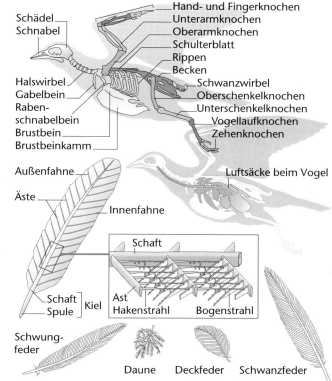

Luftsäcke beim Vogel

Deckfedern machen den Vogelkörper stromlinienförmig. Die Daunen isolieren und sorgen für eine gleichmäßige Körpertemperatur.
Die häufigste Flugart bei Vögeln ist der Ruderflug, bei dem die Flügel auf- und abgeschlagen werden. Flugarten ohne Flügelschlag sind der Gleitflug und der Segelflug.

Beim Flügelabschlag liegen die Federn luftdicht nebeneinander, die Flügel nutzen den Luftwiderstand.

Beim Flügelaufschlag sind die Federn so gespreizt, dass Luft zwischen ihnen durchströmen kann. So wird der Luftwiderstand verringert.

▶ Wirkungskette

Eine Wirkungskette beim Auto:
Der Druck der Explosion des Brennstoffgemischs treibt den Kolben nach unten. Die Kurbelwelle wandelt diese Bewegung in eine Kreisbewegung. Über Kupplung, Getriebe und Antriebswelle überträgt sich die Kreisbewegung auf die Räder. Die Räder stoßen sich von der Straße ab, es gibt einen Vortrieb.

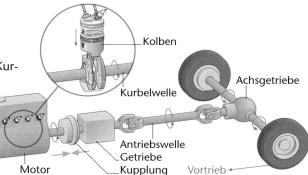

Feuergeschichten

Kombiniere zwei Bilder und erfinde eine Geschichte dazu.

Der Würfel bestimmt die Auswahl der beiden Bilder.

Wähle:
▶ Der Sauerstoffplanet 94
▶ Zurück in die Zukunft 102

Feuergeschichten

Der Sauerstoffplanet

Tagebuch von Major Pom, Kommandant
des Raumkreuzers „Galactic Navigator":

Stecken in einem unbedeutenden
Sonnensystem in einem unbedeutenden Arm unserer Galaxis. Sind in diese
Lage durch einen Fehler von Hilfssteuermann Wirsing geraten. Vielleicht
haben wir ausgerechnet hier eine sen-
sationelle Entdeckung gemacht: Auf
einem kleinen, hässlichen, blauen Planeten, er wird Erde genannt, gibt es
wahrscheinlich Leben! Dabei ist der
Planet ausgesprochen lebensfeindlich.
Überall hohe Konzentrationen des
giftigen und aggressiven Gases Sauerstoff. Nennenswerte Mengen Kohlenstoffdioxid, das wir zum Atmen brauchen, messen wir nur an manchen
Stellen, meist verbunden mit so ge-
nanntem „Feuer". Offensichtlich machen die Lebewesen diese Feuer, um
damit ihre Atemluft zu verbessern. Das
könnte auch für unsere zukünftige
Versorgung mit CO_2 von Bedeutung
sein. Wir müssen unbedingt das Geheimnis des Feuers rausfinden.

CO₂ | 0 | 1 | 2 | %

CO₂ | 0 | 1 | 3 | 4 | %

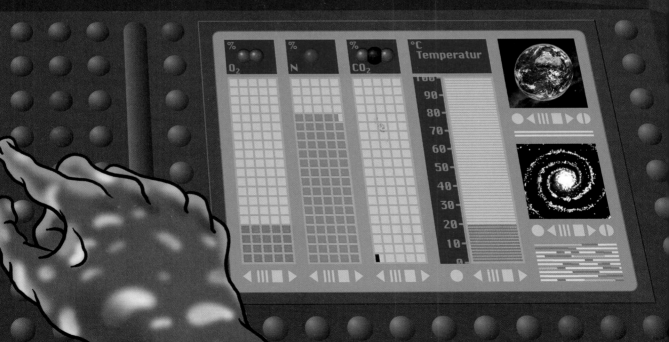

Geklautes Feuer

Erster Tag

Haben Frau Professor Brokkoli und Herr Dr. Schwarz-Wurzel mit der Mannschaft zur Erde geschickt, um eine Feuererprobe zu holen. Erfolglos! Dabei üble Verletzung am Rüssel von Hilfssteuermann Wirsing. Wollte eine Geruchsprobe nehmen. Trottel! Klarer Verstoß gegen die Sicherheitsrichtlinien.

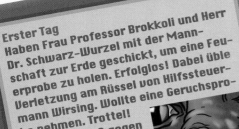

Feuer scheint mit erheblichen Energieumsätzen zu tun zu haben.

Zweiter Tag

Nach dem Unfall von Wirsing: Höchste Sicherheitsstufe. Feuer darf nur in einem geschlossenen Spezialgefäß transportiert werden.
Hinweis an Dr. Schwarz-Wurzel: Quarantänebestimmungen beachten. Aufpassen, dass Feuer nichts Ansteckendes enthält.

1 Wie können die Wissenschaftler Feuer transportieren?

Versuche, eine Flamme von einer Kerze abzuschneiden und zu einem anderen Ort zu bringen. Schaffst du das?

2 Finde heraus, ob die Anweisung des Majors sinnvoll ist.

Setze brennende Kerzen in verschieden große Schraubgläser und drehe die Deckel fest zu. Beschreibe die Veränderungen der Flamme genau.
Wie kannst du deine Beobachtungen erklären?

3 Warum erlischt das Feuer? Warum wird das Lebewesen bewusstlos?

Stelle eine Atmosphäre wie im Raumschiff her. So funktioniert deine ► CO₂-Maschine:
a) Stelle einige verschieden hohe, brennende Kerzen in eine tiefe Wanne. Gib ein Päckchen Backpulver in die Wanne und träufle Essig darauf. Was geschieht?
b) Entzünde einen Holzspan und halte ihn in die Wanne. Versuche, ein Streichholz und ein Feuerzeug in der Wanne anzuzünden. Was stellst du fest?

Dritter Tag

Endlich! Diesmal hat Frau Professor Feuer mitgebracht! Eine Kerze in einem offenen Blecheimer. Hilfssteuermann Wirsing sollte das Feuer ins Labor in unserem Raumschiff bringen. Brachte es fertig, es dort verschwinden zu lassen.
Haben eines der Lebewesen in unser Raumschiff geholt. Sagt immer UFO, UFO und kippt dann um – bewusstlos. Kommt seltsamerweise draußen wieder zu sich.

4 Hilf den Forschern, die Frage zu beantworten.

a) Informiere dich, aus welchen Gasen ▶ Luft besteht. Wie groß sind die Anteile der einzelnen Gase?

b) Stelle eine brennende Kerze in eine Schale. Fülle Wasser in die Schale. Stülpe ein Glas über die Kerze. Der Rand des Glases muss im Wasser stehen.
Welcher Bestandteil der Luft ist wahrscheinlich verbraucht worden?

Vierter Tag
Müssen herausfinden, warum das Feuer die Erdatmosphäre zum Brennen braucht. Oder ist es nur ein Teil der Lufthülle?

Prof. Brokkoli weiß, wie man Gase im Labor herstellen kann. Wir brauchen sie für unsere Verbrennungs-Experimente.
Nebenbei testen wir die Wirkung auf den Erdbewohner. Scheint sich mit Sauerstoff recht wohl zu fühlen. Anders unser Hilfssteuermann im Kontrollexperiment. Atmet Sauerstoff ein und kippt um. Kommt aber bald wieder zu sich.
Allerdings: Zahnspange verrostet.

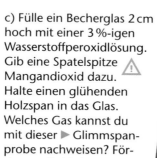

c) Fülle ein Becherglas 2 cm hoch mit einer 3 %-igen Wasserstoffperoxidlösung. Gib eine Spatelspitze ⚠ Mangandioxid dazu. Halte einen glühenden Holzspan in das Glas. Welches Gas kannst du mit dieser ▶ Glimmspanprobe nachweisen? Fördert es die Verbrennung?

Fünfter Tag
Hmm, überall findet man auf der Erde Holz und andere brennbare Stoffe. Ich frage mich, warum das alles nicht von selbst in Flammen aufgeht.

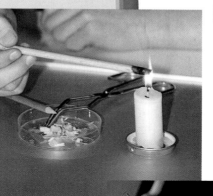

5 Untersuche, wann Stoffe zu brennen beginnen.

a) Halte einen Holzstab in eine Flamme. Miss die Zeit, bis er brennt. Schäle mit einem Anspitzer dünne Schichten ab. Halte sie ebenfalls in die Flamme. Erkläre die Unterschiede beim Anbrennen.

b) Gib einige Streichhölzer in ein Reagenzglas. Erhitze das Reagenzglas mit einem ▶ Laborbrenner. Entzünden sich die Streichhölzer, ohne direkten Kontakt mit einer Flamme?

Sechster Tag
Volltreffer! Können Feuer jetzt selbst machen. Dr. Schwarz-Wurzel äußert Sicherheitsbedenken. Die Hitze macht Probleme. Können wir sie jederzeit unter Kontrolle halten?
Prof. Brokkoli schickt einen ausführlichen Forschungsbericht an die Zentrale. Erwarten weitere Anweisungen.

6 Schreibe deinen eigenen Forschungsbericht. Fasse darin deine Versuchsergebnisse zusammen. Erläutere die Bedingungen, die ein ▶ Feuer zum Brennen braucht.

▶ Luft 85   ▶ Glimmspanprobe 37   ▶ Laborbrenner 117   ▶ Feuer 114

Siebter Tag
Es hat sich herausgestellt: Die Lebewesen atmen Sauerstoff! Unglaublich!
Aber warum stellen sie mit Feuer CO$_2$
her, wenn sie es nicht zum Atmen
brauchen? Das Wesen sagt etwas von
Wärme und Licht. Eine neue Energie-
quelle, die gleichzeitig unsere Atemluft
erzeugt? Können wir vielleicht sogar
die Erde besiedeln?
Zentrale fordert weitere Untersuchungen.

Feuer und Flamme

Zentrale an Galactic Navigator:
1. Ist eine Flamme überall gleich?
2. Warum brennt eine Kerze nur am Docht? Welche Materialien eignen sich als Docht?
3. Wie muss Wachs beschaffen sein, um zu brennen? Fest, flüssig oder gasförmig?
4. Wird eine Kerze beim Brennen leichter oder schrumpft sie nur?
5. Welches Verbrennungsgas entsteht? Handelt es sich bei der Verbrennung um eine ▶ chemische Reaktion? Ist die Reaktion endotherm oder exotherm?
6. Enthält der Qualm auch Wasserdampf?
7. Was geschieht mit den Wachs- und den Sauerstoffmolekülen? Wie erklärt man die Verbrennung von ▶ Kerzen in einem Teilchenmodell?

1 *Beantworte die Fragen der Zentrale.*
Führe dazu erst alle Versuche durch und notiere die Ergebnisse. Welcher Versuch beantwortet welche Frage?

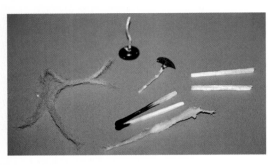

a) Ersetze den Docht eines Teelichts durch einen Baumwollfaden, einen wachsgetränkten Baumwollfaden, ein Stück Streichholz, ein abgebranntes Streichholz. Betrachte die „Dochte" mit einer Lupe.

b) Stelle eine brennende Kerze auf eine empfindliche Waage. Verändert sich das Gewicht?

c) Zünde eine Kerze an und beschreibe genau, was dabei geschieht: Zeichne die Flamme.
Halte einen Holzstab kurz mitten in die Flamme und betrachte ihn dann.

d) Halte einen Löffel in den oberen Teil der Flamme. Was setzt sich ab? Halte die Öffnung eines kalten Becherglases ein Stück über die Flamme einer ▶ Kerze. Welcher Stoff schlägt sich nieder?

e) Fange die Verbrennungsgase mit einem Trichter auf und leite sie durch ▶ Kalkwasser. Welcher Stoff lässt sich nachweisen? ⚠

f) Halte eine Flamme an festes und an flüssiges Wachs.
Erhitze ein nussgroßes Stück Kerzenwachs in einem Reagenzglas, bis es zu verdampfen beginnt. Halte vorsichtig eine Flamme an die austretenden Wachsdämpfe.

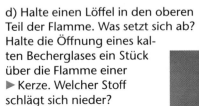

▶ chemische Reaktion 112   ▶ Kerze 117   ▶ Kalkwasser 117

Achter Tag
Die Zentrale gibt keine Ruhe. Fragen über Fragen. Sicherheit wird eben groß geschrieben.
Haben uns als Ziel gesetzt, Feuer zu beherrschen. Wir beobachten, wie die Lebewesen mit Bränden umgehen. Warum spritzen sie mit Wasser?

Heiße Probleme

1 **Untersuche, wie Feuer und Wasser aufeinander wirken.**

a) Nähere einen kleinen Streifen Papier einer Kerzenflamme. In welcher Entfernung beginnt das Papier, sich zu verändern? Wann fängt es Feuer? Wiederhole den Versuch mit feuchtem Papier.

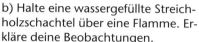

b) Halte eine wassergefüllte Streichholzschachtel über eine Flamme. Erkläre deine Beobachtungen.

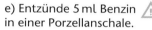

c) Fülle einen kleinen Ballon mit Wasser, blase einen zweiten auf. Schätze, wie lange du beide über eine Flamme halten kannst, bis sie platzen. Probiere es aus.

d) Einige ▶ Brände können oder dürfen nicht mit Wasser gelöscht werden. Nenne Beispiele.

e) Entzünde 5 ml Benzin ⚠ in einer Porzellanschale. Gieße Wasser dazu. Was geschieht? Lege eine Platte auf die brennende Schale und erkläre deine Beobachtungen.

f) Baue dir einen CO_2-Löscher. Schüttle eine Mineralwasserflasche und leite das austretende Gas über eine Flamme. Was geschieht?

g) Baue einen Schaumlöscher. Untersuche wie er funktioniert.

h) Informiere dich, wie die ▶ Feuerwehr Brände bekämpft. Erkläre die Verfahren mit deinem Wissen über die Eigenschaften von Feuer.

Becherglas mit Spülmittel und Natron. Essig wird in die Lösung geträufelt.

Eisen im Feuer

1 Überlege dir, wie du prüfen kannst, ob ein Gegenstand Eisen enthält.

2 *Kann Eisen brennen?*
Führe die Versuche a–c durch. Schreibe dann in einem Bericht an Major Pom, wie sich Eisen in den verschiedenen ▶ Zerteilungsgraden in der Flamme verhält.
a) Halte mit einer Tiegelzange einen Nagel in die Flamme des ▶ Laborbrenners.
b) Wiederhole den Versuch mit einem Bausch Eisenwolle.
c) Blase etwas Eisenstaub in die Brennerflamme.

Neunter Tag
Ich fürchte um die Sicherheit unserer Raumfähre, nachdem ich auf der Erde völlig vom Feuer zerstörte Behausungen entdeckte.
Unsere Galactic Navigator besteht zum größten Teil aus Metall.
Werden zunächst untersuchen, wie sich Eisen im Feuer verhält.

Bin beruhigt, die Eisenteile unserer Raumfähre werden nicht in Flammen aufgehen. Haben aber das Problem, dass wir Zersetzungsvorgänge am Raumschiff beobachten. Wir müssen ständig Schrauben auswechseln. Werden dieses Problem untersuchen.

3 *Prüfe nun genauer, was bei der Verbrennung von Eisen passiert.*
a) Hänge die Eisenwolle locker auf und bringe die Waage ins Gleichgewicht. Entzünde die Eisenwolle mit dem ▶ Laborbrenner. Beschreibe wie sich Farbe und Beschaffenheit verändern.

b) Die ▶ chemische Formel des neuen Stoffes ist Fe_2O_3. Erkläre, woraus dieser Stoff besteht. Welche Teilchen haben sich miteinander verbunden?
c) Erkläre, warum die Waage aus dem Gleichgewicht gerät.
d) Kann bei der Verbrennung von Eisen auch Kohlenstoffdioxid entstehen?

4 *Verbrennen ohne Flamme*
Führe folgendes Langzeitexperiment durch:
Untersuche den Einfluss feuchter Luft auf Eisen. Schiebe etwas angefeuchtete, entfettete Eisenwolle in das Reagenzglas und stelle es mit der Öffnung nach unten in ein Becherglas mit Wasser. Markiere den Wasserstand im Reagenzglas. Warte eine Woche.
Wie hat sich die Eisenwolle verändert? Wie hat sich das Luftvolumen verändert? Welcher Teil der ▶ Luft hat sich mit dem Eisen verbunden? Vergleiche mit dem Kerzen-Versuch.

▶ Zerteilungsgrad 121   ▶ Laborbrenner 117   ▶ chemische Formeln 111   ▶ Luft 85

5 Prüfe die Reaktion von anderen Metallen:

a) Falte ein Stück dünnes Kupferblech fest zusammen und halte es mit der Tiegelzange in die Flamme des Brenners.
Falte das Blech wieder auf und vergleiche Innen- und Außenseite.

b) Halte ein 1 cm langes Stück Magnesiumband in die Brennerflamme.

⚠ Nicht in die Flamme sehen!

c) Welche ▶ Oxide sind bei den Versuchen entstanden?
Erstelle die Reaktionsgleichungen für die ▶ Oxidationen.

Kreide, Magnesiastäbchen und Pipettenröhrchen

Bordelektroniker Zu Cchini machte weitere Untersuchungen mit der Eisenwolle. Dabei berührte er sie aus Versehen mit einer 4,5-V-Batterie. Es wäre beinahe zu einem Werkstattbrand gekommen. Er glaubt, dass es sich bei der ▶ chemischen Reaktion um eine exotherme Reaktion handelt. Wir überprüfen seine Beobachtung und Vermutung im Labor.

7 Metalle taugen nicht zur CO_2-Produktion. Probiere andere Stoffe. Halte die Stoffe mit einer Tiegelzange in die Flamme des Brenners. Kannst du bei jedem Stoff eine ▶ chemische Reaktion feststellen?

6 Entzünden ohne Flamme

⚠ Benutze eine Schutzbrille.

Plane ein Experiment, um Zu Cchinis Beobachtungen zu überprüfen. Welche Energie hat hier die ▶ chemische Reaktion aktiviert? Handelt es sich um eine exotherme oder eine endotherme Reaktion?

8 Welche ▶ Brennstoffe benutzen Menschen?

Untersuche flüssige Brennstoffe.
a) Gib in einen Porzellantiegel 5 ml Brennspiritus, und zünde ihn an. ⚠
Führe jetzt die gleichen Versuche wie bei der Untersuchung der Kerze durch (Seite: Feuer und Flamme). Vergleiche die hier entstandenen Verbrennungsprodukte mit denen, die bei der Kerze entstanden sind.
b) Führe diese Versuchsreihe auch mit anderen flüssigen Brennstoffen durch, z. B. Benzin. ⚠

Zehnter Tag
Eine letzte Expedition soll erforschen, welche Stoffe durch Verbrennen zur CO_2-Produktion genutzt werden können. Messungen haben ergeben, dass besonders hohe CO_2-Konzentrationen über Großstädten und Industrieansiedlungen herrschen. Über den Meeren und über Waldgebieten dagegen messen wir erhöhte Sauerstoffwerte.

9 Wie kann die Rückkehr der Galactic Navigator verhindert werden?

Haben unsere Untersuchungen abgeschlossen. Werden jetzt starten. CO_2-Werte noch zu gering. Der Ausstoß von ▶ CO_2 auf der Erde steigt ständig, kommen deshalb bald wieder.

▶ Oxide 120   ▶ Oxidation 120   ▶ CO_2 113   ▶ chemische Reaktion 112   ▶ Brennstoffe 110

Stöbere im Schilderwald.
Informiere dich über eine
der Erfindungen genauer.
Berichte darüber.

1558
Erste Straßen-
beleuchtung mit
Laternen in Paris

1521
Erste Gewehre

500 000 v. Chr.
Der Mensch
zähmt das Feuer

6500 v. Chr.
Entwicklung der
Keramikkunst
im Fernen Osten

1250
Erster Kachelofen

4000 v. Chr.
Erste Verfahren
zur Gewinnung
von Metallen

1247
Erste Kanonen
in Europa

4000 v. Chr.
Erfindung des Glases

500 v. Chr.
Verwendung
von Öllampen

1245
Erste Steinkohle
als Brennstoff

500 v. Chr.
Römer nutzen
Fußbodenheizung

800 n. Chr.
Schießpulvererfin-
dung in China

1242
Erstes Schießpulver
in Mitteleuropa

100 n. Chr.
Erstes Feuer durch
ein Brennglas

1231
In China werden
die ersten Bomben
gebaut

450 n. Chr.
Erste Stadtbeleuch-
tung mit Fackeln

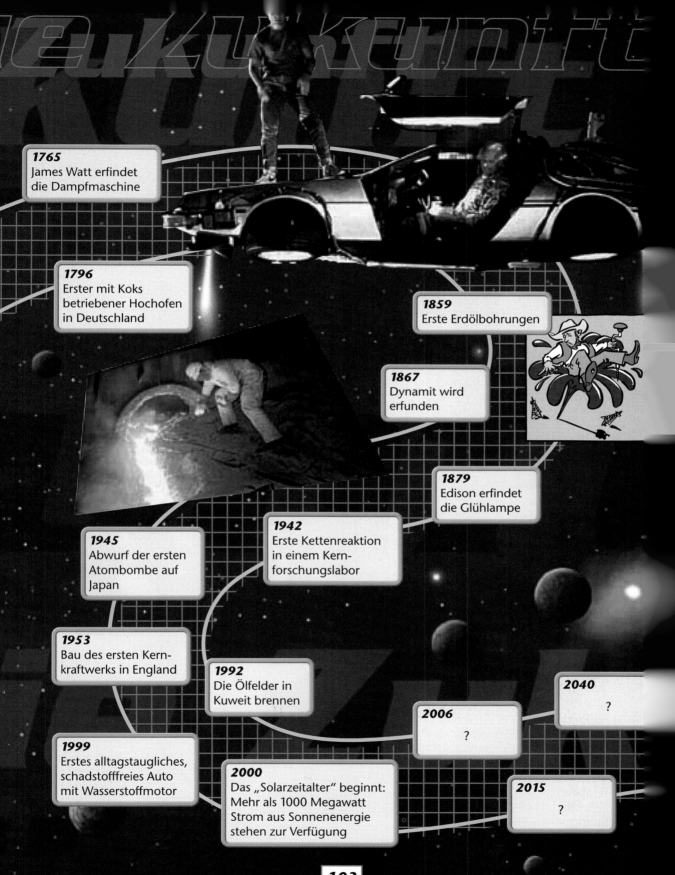

1765
James Watt erfindet
die Dampfmaschine

1796
Erster mit Koks
betriebener Hochofen
in Deutschland

1859
Erste Erdölbohrungen

1867
Dynamit wird
erfunden

1879
Edison erfindet
die Glühlampe

1942
Erste Kettenreaktion
in einem Kern-
forschungslabor

1945
Abwurf der ersten
Atombombe auf
Japan

1953
Bau des ersten Kern-
kraftwerks in England

1992
Die Ölfelder in
Kuweit brennen

2006
?

2040
?

1999
Erstes alltagstaugliches,
schadstofffreies Auto
mit Wasserstoffmotor

2000
Das „Solarzeitalter" beginnt:
Mehr als 1000 Megawatt
Strom aus Sonnenenergie
stehen zur Verfügung

2015
?

Am Anfang war das Feuer

500 000 v. Chr.
Der Mensch
zähmt das Feuer

Die Menschen entdecken das Feuer

1 Schlage zwei Feuersteine so gegeneinander, dass sie Funken schlagen. Probiere auch andere Steine aus. Wie konnten die Menschen mit Steinen ▶ Feuer machen?

⚠ Benutze eine Schutzbrille.

2 Feuer „sägen"
Eine andere Technik, ▶ Feuer zu machen, war das „Feuersägen". Sie wurde nicht nur in Urzeiten angewandt, sondern ist bei den Naturvölkern auch heute noch bekannt.
Bewege mit einer Hand den Bogen schnell hin und her. Erhöhe den Druck von oben auf den Holzstab. Was beobachtest du? Drücke fester, säge schneller. Beschreibe die Wirkung.

3 Das Feuer entfachen
Das Feuersägen allein macht noch kein Feuer. Die Urmenschen sammelten leicht brennbares Material, um das Feuer zu entfachen.
Probiere selbst, welche Stoffe leicht entzündlich sind.
Entzünde mit einem Streichholz auf einer feuerfesten Unterlage kleine Häufchen Stroh, Heu, Watte, kleine Holzkohlestückchen und kleine Holzstückchen. Welche Probe fängt schnell Feuer?
Wie kannst du das Aufflammen beschleunigen?

4 Das Feuer erhalten
a) Entfache erneut ein ▶ Feuer und versuche es dauerhaft zu erhalten. Verwende als Feuerstelle eine Porzellanschale. Arbeite mit folgenden Materialien:
Späne vom Bleistiftanspitzen, größere Holzstückchen, Papierstückchen, ein zerknülltes Blatt Papier, größere und kleinere Kohle- und Holzkohlestückchen.
b) Erkläre, welche Rolle der ▶ Zerteilungsgrad des Brennmaterials beim Feuermachen spielt.

▶ Feuer 114   **104**   ▶ Zerteilungsgrad 121

5 Das Lagerfeuer

Wer weiß, wie ein ► Lagerfeuer geschichtet wird? Hat die Schichtung einen besonderen Grund? Überlege und begründe.

6 Die Feuerhüter

Sie wachten Tag und Nacht an den Feuerstellen der Horde. Dabei nutzten sie ihre Erfahrungen, dass es Stoffe gibt, die schnell und lodernd mit offener Flamme verbrennen und andere, die bei sehr hohen Temperaturen nur langsam glühen (► Glut). Arbeite beim folgenden Versuch mit kleinen Mengen und auf feuerfester Unterlage.

a) Zerkleinere einige Holzkohlestückchen. Entzünde sie mit einem Stückchen Grillanzünder. Messe die Zeit, wie lange der Grillanzünder zum Verbrennen braucht, ab wann und wie lange die Holzkohle glüht.

b) Verändert sich die Dauer des Glühens bei unterschiedlicher Sauerstoffzufuhr?

7 Feuer „zünden"

a) Zünde ein ► Streichholz an. Erkläre:
– Wodurch wird die Entzündungstemperatur erreicht?
– Welche Stoffe beim Streichholz entzünden sich zuerst?
– Weshalb waren Streichhölzer früher so gefährlich?
Falls eine Videokamera zur Hand ist, filme den Vorgang mit einer Nahaufnahme. Du wirst über das Ergebnis staunen.
b) Schaue dir ein modernes ► Feuerzeug an. Welcher Stoff dient als

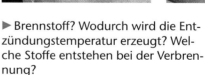

► Brennstoff? Wodurch wird die Entzündungstemperatur erzeugt? Welche Stoffe entstehen bei der Verbrennung?

8 Alles Asche

a) Wiege je 10 g trockenes Heu, Stroh, Papier und das Holz von Zündhölzern. Verbrenne die Proben, bis nur noch ► Asche übrig bleibt. Wie viel Gramm bleiben jeweils zurück? Schaue dir die Asche unter einem Binokular an.
b) Zerkleinere Asche in einem Mörser. Gib sie danach in ein Becherglas. Fülle mit heißem Wasser auf und

rühre mehrere Minuten um. Filtriere die Mischung. Gib ein bis zwei Tropfen des Filtrats auf einen Objektträger. Beobachte unter dem Binokular. Was entsteht?

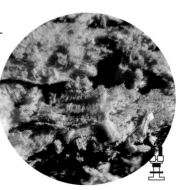

► Lagerfeuer 118   ► Glut 116   ► Streichholz 121   ► Feuerzeug 115
► Brennstoffe 110   ► Asche 110

Gefesseltes Feuer

**Versuche für zu Hause
(Versuchsdauer: 1 Woche)**
Probiere jeweils ein rohes und gekochtes Stück Fleisch und Fisch.
– Lege kleine Stückchen Fleisch oder Fisch (jeweils roh und gekocht) auf einen Teller und kontrolliere täglich den Geruch und die Farbe der Proben.
– Wiederhole den Versuch mit roher und gekochter Milch.

1 Feuer nutzen – Nahrung zubereiten

Schon der Urmensch entdeckte, dass gekochte oder gebratene Nahrung besser verdaulich und außerdem haltbarer ist. Damals hatten die Menschen noch keine Töpfe und Pfannen zur ▶ Nahrungszubereitung. Trotzdem konnten sie kochen und braten. Sie verwendeten Lederbeutel und Steine.

a) Steinzeitliches Kochen
Statt eines Lederbeutels verwende für das Experiment eine kleine Plastiktüte, oder eine halbe Getränkedose. Gib dort ca. 20 ml kaltes Wasser hinein. Erhitze einige kleine Kieselsteine über einem Teelicht und gib sie in das Wasser. Miss die Temperatur. Wer schafft es am schnellsten die Temperatur um 10 °C zu erhöhen?

b) Steinzeitliches Braten
Erhitze einen kleinen flachen Stein. Lege eine hauchdünne Scheibe Fleisch darauf. Wie verändert sich das Fleisch durch das Braten?

2 Hitze verändert

Nahrungsmittel enthalten ▶ organische Stoffe. Beobachte, wie sie sich beim Kochen und Braten verändern. Untersucht folgende Stoffe: Milch, Gemüse, Fleisch, Fisch, Eiweiß, Zucker, Mehl und Butter. Bildet Gruppen. Jede Gruppe untersucht einen Stoff. Gebt den Stoff mit etwas Wasser auf den Dosenbrenner.

Beobachtet und notiert wie sich die Stoffe im heißen Wasser verändern. Was geschieht, wenn das Wasser verdampft ist?
Tragt eure Ergebnisse in einer großen Tabelle zusammen. Welche Unterschiede und Gemeinsamkeiten stellt ihr fest?

Stoff	Kochen	Braten	angebrannt
Fleisch	– wird grau/weiß	– wird braun	– wird schwarz
	– wird zäh	– wird hart	– qualmt
	– riecht etwas	– riecht kräftig	– stinkt
Gemüse			

▶ Nahrungszubereitung 119

▶ organische Stoffe 120

"Die Feuerstellen befanden sich meist im Wohnraum. Beißende Dämpfe und Rauchschwaden breiteten sich aus, die dann langsam durch eine Öffnung im Dach abzogen."

Seit die Menschen die Angst vor dem Feuer verloren haben, nutzen sie es nicht nur zur Nahrungszubereitung, sondern auch als Wärmequellen in ihren Hütten.

Erst ab Anfang des 19. Jahrhunderts gab es in Europa Herde und ▶ Öfen.

3 Ofenerfinder gesucht

Versucht in eurer Gruppe mithilfe einer leeren Getränkedose einen Ofen zu bauen. Ihr habt folgendes Material zur Verfügung: Tiegelzange, Schere, Locher, Teelicht und Feuerzeug. Geht schrittweise vor.

Schneidet ca. 5 cm vom Rand den Dosenboden gleichmäßig ab. Arbeitet auf einer weichen Unterlage.

a) Verschließe die Dosenöffnung, indem du die Lasche wieder hochdrückst. Zünde ein Teelicht an und stülpe die verschlossene Dose darüber. Was passiert?

b) Öffne die Lasche ganz weit. Wiederhole den Versuch. Was passiert? Nähere einen Finger vorsichtig der Dosenöffnung. Was spürst du?

c) Drücke die Dose fest auf die weiche Unterlage. Was geschieht mit der Kerze?

d) Erhöhe die Luftzufuhr durch zwei gestanzte Löcher ca. 1 cm von der unteren Dosenkante entfernt. Beschreibe deine Beobachtungen.

e) Verschließe nun mit dem abgeschnittenen Dosenteil das Kaminloch. Warum erlischt die Kerze? Erkläre genau.

f) Welche zwei Voraussetzungen müssen bei einem ▶ Ofen erfüllt sein, damit er gut brennt?

g) Vergleiche dein Ofenmodell mit einem richtigen Ofen. Womit ist die obere Dosenöffnung vergleichbar, womit die zwei gestanzten Löcher?

▶ Ofen 119

Feuer verändert ...

1 Alte Schätze

a) Welche ► Metalle konnten die Menschen vor 5000 Jahren gewinnen?

b) In welcher Form wurden sie als Rohstoff in der Natur gefunden?

c) Welche Gegenstände wurden daraus hergestellt?

d) Wie heiß musste die ► Glut zum Schmelzen sein?

e) Wie wurden die nötigen Temperaturen erreicht?

4000 v. Chr.

Metallgewinnung im alten Ägypten: In eine flache Grube wurden Kupfer- und Zinnerze und Holzkohle geschichtet, dann entzündet und mit einem durchlöcherten Tonmantel überdeckt. In die Grube wurde mithilfe von Blasebälgen Luft geblasen (Wandzeichnung aus dem Grabmal von Rekhmire).

2 Bronzene Zeiten

Die Entdeckung weiterer ► Metalle machte die Herstellung von Werkzeugen und Waffen möglich und gab der Bronzezeit ihren Namen.

a) Welche ► Legierungen wurden aus metallhaltigen Erden erschmolzen?

b) Woraus besteht Bronze?

c) Wie wurden die Metalle gewonnen?

d) Was diente als ► Brennstoff?

Gemisch aus Erz und Holzkohle

Schlacke fließt ab

geschmolzenes Kupfer setzt sich ab

erhärtetes Kupfer wird entnommen

Schmelzofen zur Kupfergewinnung

2000 v. Chr.

Metall wird geschmolzen

3 Eiserne Zeiten

Mit der Erfindung des ► Rennofens begann eine neue Epoche, die Eisenzeit. Eisenerz, wie man es in der Natur findet, ist eine chemische Verbindung, aus der sich das Element Eisen auch mit großer Hitze nicht herausschmelzen lässt.

a) Welche Elemente sind in Eisenerzen enthalten? Die ► chemischen Formeln geben dir Hinweise.

b) Was unterscheidet eine chemische Verbindung von einem Stoffgemisch?

1000 v. Chr.

Bei uns haben erstmals die Kelten im Siegerland um 700 v. Chr. Eisen verhüttet. Sie erhitzten Eisenerze im Holzkohlefeuer unter kräftiger Luftzufuhr.

► Metalle 119   ► Glut 116   ► Legierungen 118   ► Brennstoffe 110   ► Rennofen 120   ► chemische Formeln 111

... die Welt

4 Chemische Reaktionen

Zur Gewinnung des elementaren Eisens sind ▶ chemische Reaktionen notwendig. Reaktionspartner und nötige Hitze liefert die Holzkohle.

a) Welche chemischen Reaktionen finden im ▶ Rennofen statt?

b) Stelle dir Papierkärtchen wie auf der Abbildung her.

Ordne sie und stelle mit ihnen die chemischen Reakionen in Wort- und Symbolgleichung dar.

CO_2 CO_2 O_2 C $2CO$ $3CO_2$ $2Fe$ $3CO$ C Fe_2O_3

Kohlenstoffdioxid   Kohlenstoff

Kohlenstoffdioxid   Sauerstoff

Kohlenstoffdioxid   Kohlenstoffmonooxid

Eisen   Kohlenstoff   Eisenoxid

Kohlenstoffmonooxid

5 Die chemische Fabrik – Hochofen

Durch den industriellen Abbau von Steinkohle wurde ein neuer Brennstoff und Reaktionspartner für die Eisenherstellung in großen Mengen verfügbar.

vor 200 Jahren

a) Vergleiche die Arbeitsweise eines ▶ Hochofens mit der des Rennofens.

b) Welche chemischen Reaktionen laufen in den unterschiedlichen Temperaturzonen eines Hochofens ab?

c) Warum wird Heißwind in den Hochofen geblasen?

d) Wie wird das Roheisen aus dem Hochofen weiter verarbeitet? Welche Produkte werden daraus hergestellt?

▶ chemische Reaktion 112   ▶ Rennofen 120   ▶ Hochofen 116

▶ Asche

Bei der Verbrennung von Stoffen, wie z.B. Papier, Holz und Kohle bleibt Asche übrig. Sie besteht aus kohlenstofffreien Rückständen, den wertvollen Mineralstoffen. Lässt man eine gefilterte Aschelösung unter dem Binokular ein-trocknen, erkennt man die kristalline Struktur der Mineralien.

Asche ist ein gutes Düngemittel. Deshalb war es früher durchaus üblich nach der Ernte die Felder abzubrennen.

▶ Brände

Brände sind für Menschen und andere Lebewesen nicht nur wegen der dabei entstehenden Hitze gefährlich. Häufig bilden sich giftige Abgase, oder der Atemluft wird der Sauerstoff entzogen.

Brände werden je nach dem brennenden Stoff in Brandklassen eingeteilt: Jede Brandklasse erfordert das passende Löschmittel. Wasser ist nur für Brände der Klasse A ein gutes Löschmittel. Will man damit einen Fettbrand löschen, so verdampfen die Wassertropfen im Fett schlagartig. Eine Stichflamme aus brennendem Nebel von Fett- und Wasserdampf entsteht.

Brände von elektrischen Geräten oder Anlagen dürfen wegen der Gefahr von Kurzschlüssen und Stromschlägen ebenfalls nicht mit Wasser gelöscht werden.

Die Feuerwehren besitzen zur Brandbekämpfung für alle Brandklassen geeignete Löschmittel. Alle Methoden zum Feuerlöschen greifen an einer der drei Bedingungen an, die ein Feuer zum Brennen benötigt: Entweder wird Brennstoff entzogen, oder das Feuer wird von der Sauerstoffzufuhr abgeschnitten, oder das brennbare Material wird unter die Entzündungstemperatur abgekühlt.

Waldbrand

Die Bekämpfung von Waldbränden richtet sich nach dem Ausmaß der Gefährdung, den Wind- und Wetterbedingungen. Kleinere Feuer mit 1 m Flammenhöhe und weniger als 400 m² Ausdehnung kann man ersticken. Größere werden von Löschzügen der Feuerwehr mit Wasser gelöscht. Dazu können auch Flugzeuge und Hubschrauber eingesetzt werden, die Wasser abwerfen. Bei einem Großbrand kann es notwendig werden, durch ein Gegenfeuer, das durch den Sog des Großfeuers angezogen wird, dem eigentlichen Brand die Nahrung zu entziehen. In besonders trockenen Gegenden legt man breite Schneisen in den Wäldern an, um die Ausbreitung eines Waldbrands zu erschweren.

	Brandklasse	Beispiele für Stoffe	Löschmittel
A	**Klasse A** Brände fester Stoffe, die normalerweise unter Glutbildung verbrennen	Holz, Kohle, Papier, Stroh, Faserstoffe, Textilien	Wasser, Schaum, Pulver für Glutbrände
B	**Klasse B** Brände von flüssigen oder flüssig werdenden Stoffen	Benzin, Benzol, Heizöl, Ether, Alkohol, Stearin, Harze, Teer	Schaum, Pulver, Kohlenstoffdioxid, Halone
C	**Klasse C** Brände von Gasen	Acetylen, Wasserstoff, Methan, Propan, Stadtgas, Erdgas	Pulver, Kohlenstoffdioxid
D	**Klasse D** Brände von Metallen	Aluminium, Magnesium, Natrium, Kalium	Pulver für Metallbrände, Steinsalz, trockener Sand

▶ Brennstoffe

Brennstoffe kommen in der Natur vor, wie z.B. Holz und Kohle, oder sie werden aus natürlichen Rohstoffen hergestellt, wie z.B. Benzin und Heizöl aus Erdöl. Diese natürlichen Brennstoffe bestehen aus verschiedenen Verbindungen des Kohlenstoffs (C), man spricht von organischen Stoffen. Ferner sind Wasserstoff, Stickstoff und Schwefelverbindungen enthalten. Bei der Verbrennung entstehen daraus die Oxide Kohlenstoffdioxid (CO_2), Stickstoffdioxid (NO_2), Schwefeldioxid (SO_2) und Wasserstoffdioxid (H_2O). Alle Brennstoffe reagieren mit Sauerstoff unter Wärme- und Lichtentwicklung (Oxidation). Dabei liefern sie unterschiedlich viel Energie. Diese frei werdende Energie kann zum Kochen oder Heizen direkt genutzt

	Heizwert (MJ/kg)	Chem. Zusammensetzung	Entzündungstemperatur
Feste Brennstoffe			
Wachs	46	$C_{30}H_{61}COOH$ und andere	250 °C
Holz	20	50 % C	350 °C
Holzkohle	32	90 % C	150–200 °C
Braunkohle	14–17	65–75 % C	250–550 °C
Steinkohle	18–35	85 % C	350–600 °C
Koks	29	92 % C	700 °C
Flüssige Brennstoffe			
Heizöl	44	$C_{12}H_{26}$ und andere	250 °C
Benzin	48	C_6H_6 und andere	220–300 °C
Spiritus	25	C_2H_5OH	425 °C
Gasförmige Brennstoffe			
Erdgas (Methan)	39–82	CH_4	Etwa 600 °C
Feuerzeuggas (Butan)	45	C_4H_{10}	400 °C
Propan	50	C_3H_8	460 °C
Wasserstoff	143	H_2	600 °C

werden. Sie kann Maschinen oder Motoren antreiben. In Kraftwerken wird damit Strom erzeugt. Der Heizwert eines Brennstoffes gibt an, wie viel Wärmeenergie frei wird, wenn man 1 kg des Stoffes vollständig verbrennt.

▶ Chemische Formeln

Eine chemische Formel gibt an, woraus eine Verbindung besteht, die bei einer chemischen Reaktion entsteht.

Eine Formel beschreibt die Zusammensetzung eines Moleküls, dem kleinsten Teilchen der Verbindung. Grundbausteine der Moleküle wiederum sind die Atome.

Beispiel:
Verbindung: Kohlenstoffdioxid
Chemische Formel: CO_2
Teilchenmodell:

1 Atom Kohlenstoff
1 Atom Sauerstoff — 1 Atom Sauerstoff
1 Molekül Kohlenstoffdioxid

Weitere chemische Formeln:
H_2O Wasser, CuO Kupferoxid, MgO Magnesiumoxid, O_2 Sauerstoff, CO Kohlenstoffmonooxid
Eisenoxide: Fe_3O_4 Magnetit, Fe_2O_3 Hämatit
Ein Molekül besteht also mindestens aus zwei Atomen. Es kann aus gleichartigen Atomen bestehen, wie bei Sauerstoff (O_2), oder aus verschiedenartigen, wie bei Kohlenstoffdioxid (CO_2). Große Moleküle können aus vielen hundert einzelnen Atomen zusammengesetzt sein.
Das kleinste Atom ist das des Elementes Wasserstoff, das größte natürlich vorkommende ist das Uran-Atom. Für das Wasserstoffatom wurde folgende Masse bestimmt:
0,000 000 000 000 000 000 000 001 674 g = 1 u
Da Atommassen so klein sind, hat man dafür diese einfachere Einheit gewählt: 1 u (engl. mass unit, Masseneinheit)
Wasserstoff: 1,0 u   Uran: 238 u
Sauerstoff: 16,0 u   Eisen: 55,8 u
Ihr findet Angaben zu den Atomen der Elemente im „Periodensystem der Elemente", PSE (Anhang). Dieses ist eine Zusammenstellung aller bisher entdeckten Elemente. Die gesamte Vielfalt der Stoffe, aus denen wir, unsere Umwelt und das Universum bestehen, ist zusammengesetzt aus diesen Elementen.
Im PSE werden die Elemente mit ihrem chemischen Symbol benannt. Die Elementsymbole entsprechen einer international vereinbarten Zeichensprache.

Steckbriefe wichtiger Elemente:

Wasserstoff
Chemisches Symbol: H (lat. Hydrogenium)
Vorkommen: Der gasförmige Wasserstoff kommt als Molekül H_2 vor. Er ist aber auch in vielen Verbindungen vorhanden, im Wasser ebenso wie in den Molekülen, aus denen lebende Organismen bestehen. Mit Kohlenstoff bildet er Kohlenwasserstoffe, aus denen so verschiedene Stoffe wie Erdöl, Kunststoffe oder Zucker bestehen.
Technische Herstellung: aus Wasser (H_2O) oder Kohlenwasserstoffen
Nutzung: Schweißen, Hydrieren bei der Fettherstellung, Brennstoffzelle
Stoffeigenschaften: farblos, geruchlos, geschmacklos
Dichte: 0,083 g/l
Schmelztemperatur: −259 °C
Siedetemperatur: −253 °C
Wasserstoff ist brennbar und bildet mit Luft und mit Sauerstoff explosive Gemische.

Stickstoff

Chemisches Symbol: N (lat. Nitrogenium)
Vorkommen: Stickstoff ist als Molekül N_2 Hauptbestandteil der Luft. Seine wichtigsten

Verbindungen sind die Nitrate, die als Dünger in der Landwirtschaft eine große Rolle spielen.
Technische Herstellung: aus der Luft durch Luftverflüssigung
Nutzung: Dünger, Schutzgas in Lebensmittelverpackungen, Treibgas für Sprühsahne, flüssiger Stickstoff als Kühlmittel für extrem tiefe Temperaturen.
Stoffeigenschaften: farblos, geruchlos, geschmacklos
Dichte: 1,17 g/l
Schmelztemperatur: −210 °C
Siedetemperatur: −196 °C
Stickstoff brennt nicht und unterhält die Verbrennung nicht.

Sauerstoff
Chemisches Symbol: O (lat. Oxygenium)
Vorkommen: Der gasförmige Sauerstoff kommt in der Luft als Molekül O_2 vor, aber auch als Ozon O_3. Menschen und Tiere benötigen den Sauerstoff der Luft zum Atmen. Sauerstoff ist aber auch Teil vieler Verbindungen, z. B. von Wasser, Kohlenstoffverbindungen und Mineralien.
Technische Herstellung: aus der Luft durch Luftverflüssigung
Nutzung: Schweißen, beim Hochofenprozess, Atemgeräte im Krankenhaus
Stoffeigenschaften: farblos, geruchlos, geschmacklos
Dichte: 1,33 g/l
Schmelztemperatur: −219 °C
Siedetemperatur: −183 °C
Sauerstoff brennt nicht, unterhält aber die Verbrennung (Oxidation).

Kohlenstoff
Chemisches Symbol: C (lat. Carboneum)
Vorkommen: Kohlenstoff kommt in reiner Form als Graphit und als Diamant vor, ist aber auch Hauptbestandteil von Ruß und Kohle. Als Carbonat ist es ein wichtiges gesteinsbildendes Mineral. Kohlenstoff ist ein wesentlicher Bestandteil aller lebenden Organismen. Durch deren Verwesung in früheren Erdzeitaltern sind ausgedehnte Lager von Kohlenstoff und Kohlenstoffverbindungen entstanden, die heute als Kohle, Erdöl und Erdgas (fossile Energieträger) abgebaut und vielfältig genutzt werden.
Stoffeigenschaften: schwarz, geruchlos, geschmacklos
Dichte: 2,25 g/cm^3

Häufigkeit der Elemente in Prozent				
Element	Menschl. Körper	Erdrinde	Erde	Universum
H	60,5	2,8	0,1	92,7
He	–	–	–	7,1
C	10,7	0,03	0,1	0,008
N	2,4	0,003	0,0003	0,015
O	25,7	60,1	48,9	0,05
Na	0,08	2,1	0,6	–
Mg	0,01	2,0	12,5	0,002
Al	–	6,3	1,3	–
Si	0,001	20,8	14,0	0,002
S	0,1	0,02	1,4	–
K	0,04	1,1	0,06	–
Ca	0,2	2,1	0,5	–
Fe	0,0004	2,1	18,9	0,0001
Ni	–	0,003	1,4	–
Summe	99,4914	99,456	99,7603	99,8771

Schmelztemperatur: 3650 °C
Siedetemperatur: 4827 °C
Kohlenstoff ist brennbar und bildet dabei Kohlenstoffmonooxid oder Kohlenstoffdioxid (CO_2). Das Besondere an Kohlenstoffatomen ist, dass sie lange Ketten, Ringe und Kugeln bilden können, die mit weiteren Atomen, vor allem Wasserstoff, eine unübersehbare Vielfalt von Verbindungen ermöglichen.

Eisen
Chemisches Symbol: Fe (lat. Ferrum)
Vorkommen: Eisen ist das häufigste Metall auf der Erde. Als Rohstoff wird es aus Eisenerzen, Verbindungen von Eisen mit Schwefel oder Sauerstoff, gewonnen. Da es leicht rostet, verwendet man Eisen meist als Legierung oder überzogen mit Lack oder anderen Metallen. Auch für lebende Organismen ist Eisen wichtig, im Blut der Wirbeltiere ist es in den Blutfarbstoffen enthalten und am Sauerstofftransport beteiligt.
Technische Herstellung: Roheisenerzeugung aus Eisenerzen im Hochofen, Einschmelzen von Schrott
Nutzung: vielfältige Anwendung in allen Bereichen, z. B. Stahlträger für Hochhäuser und Brücken, Stahlbeton, Röhren, Autokarrosserie, Dosen, Töpfe, Werkzeug, usw.
Stoffeigenschaften: silbergrau, metallischer Geschmack und Geruch
Dichte: 7,87 g/cm^3
Schmelztemperatur: 1535 °C
Siedetemperatur: 2750 °C
Eisen ist magnetisierbar, rostet an feuchter Luft und verbrennt zu Eisenoxid (Oxide).

▶ Chemische Reaktion

Bei einer chemischen Reaktion zwischen verschiedenen Ausgangsstoffen findet eine Stoffumwandlung statt. Die kleinsten Teilchen der Stoffe reagieren miteinander. Dabei lösen sich die Atome aus den bisherigen Atomverbänden und gruppieren sich zu neuen Atomverbänden um. Die Anzahl der Atome ändert sich bei einer chemischen Reaktion nicht. Die dabei entstehenden Reaktionsprodukte sind neue Stoffe. Sie haben andere Eigenschaften als die Ausgangsstoffe. Wenn z. B. Eisen mit Sauerstoff reagiert (Oxidation), dann entsteht Eisenoxid. Dieses Oxid hat andere Eigenschaften als Eisen. Eine chemische Reaktion wird in einer **Reaktionsgleichung** dargestellt:

Kupfer + Sauerstoff → Kupferoxid

lies: Kupfer und Sauerstoff reagieren zu Kupferoxid

Symbolgleichung: (chemische Formeln)

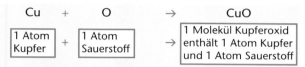

Cu	+	O	→	CuO
1 Atom Kupfer	+	1 Atom Sauerstoff	→	1 Molekül Kupferoxid enthält 1 Atom Kupfer und 1 Atom Sauerstoff

Die Anzahl der Atome ist auf beiden Seiten des Reaktionspfeils gleich.

Weitere Beispiele:
(Kerze, Rennofen, Hochofen)

Kohlenstoff + Sauerstoff → Kohlenstoffdioxid
C + O_2 → CO_2

Anzahl der Atome: 1   2   1   2

(Rennofen, Hochofen)

Eisenoxid + Kohlenstoffmonooxid → Kohlenstoffdioxid + Eisen
Fe_2O_3 + 3 CO → 3 CO_2 + 2 Fe

Anzahl der Atome: 2   3   3   3   3 $3 \cdot 2 = 6$ 2

2 Atome Eisen 6 Atome Sauerstoff 3 Atome Kohlenstoff	→	2 Atome Eisen 6 Atome Sauerstoff 3 Atome Kohlenstoff

Endotherme und exotherme Reaktion

verbrannter Zucker auf Dosenbrenner

glühende Eisenwolle

Eine chemische Reaktion, die nur unter ständiger Energiezufuhr abläuft, ist eine endotherme Reaktion.

Wenn bei einer chemischen Reaktion Energie freigesetzt wird, handelt es sich um eine exotherme Reaktion.

Ein Feuer ist eine exotherme Reaktion, bei der viel Wärmeenergie und Licht frei wird. Um das Feuer in Gang zu setzen, wird zuerst Energie zugeführt, z. B. durch Reibung.
Die bei der Verbrennung freiwerdende Energie reicht danach aus, um das Feuer in Gang zu halten.

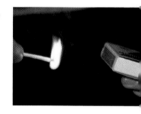

► CO_2

CO_2 ist Kohlenstoffdioxid, ein Oxid des Kohlenstoffs.
Zustandsform: gasförmig
Aussehen: farblos, unsichtbar
Geruch: geruchlos
Gewicht: schwerer als Luft, Kohlenstoffdioxid sammelt sich am Boden eines Gefäßes an und füllt dieses von unten nach oben.
Brennbarkeit: brennt nicht und dient als Löschmittel.
Nachweis: trübt Kalkwasser
Vorkommen: ist zu 0,03 % in der Luft enthalten, entsteht bei der Verbrennung von Kohlenstoff.
Aufbewahrung: wird unter Druck verflüssigt und in grauen Stahlflaschen aufbewahrt.

Es entsteht bei der Verbrennung von kohlenstoffhaltigen Brennstoffen, wie z. B. Holz, Kohle oder Kerzenwachs. Ein Atom Kohlenstoff verbindet sich mit einem Molekül Sauerstoff (chemische Reaktion).

Kohlenstoff + Sauerstoff → Kohlenstoffdioxid
C + O_2 → CO_2

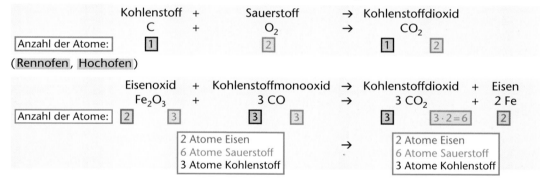

Kohlenstoffkreislauf

Alle grünen Pflanzen nehmen Kohlenstoffdioxid auf. Mithilfe des Sonnenlichts bilden sie daraus Nährstoffe Fotosynthese. Dabei wird Sauerstoff freigesetzt. Pflanzen atmen also Kohlenstoffdioxid ein und Sauerstoff aus. Dabei werden fast 80 % des Sauerstoffes von Algen der großen Weltmeere produziert.

Menschen und Tiere dagegen atmen Sauerstoff ein und Kohlenstoffdioxid aus.

Ein Teil des CO_2 entsteht durch Verbrennung fossiler Brennstoffe, große Waldbrände und Brandrodungen.

CO_2-Ausstoß (Emission)

Der CO_2-Ausstoß ist durch die Verbrennung von Kohle, Erdöl und Erdgas in den letzten 200 Jahren stark angestiegen. Jährlich gelangen ungefähr 830 Gigatonnen CO_2 in die Erdatmosphäre. Das ist zu viel für den natürlichen Kreislauf. Es kann nicht mehr alles CO_2 abgebaut werden. Deshalb hat seit 1850 der CO_2-Gehalt der Luft um 25 % zugenommen. Modellrechnungen zeigen, dass es bis 2080 zu einer Verdopplung dieses Wertes kommt, wenn die weltweiten Emissionen nicht stark gesenkt werden. Die Gefahr eines erhöhten CO_2-Gehaltes in der Erdatmosphäre besteht darin, dass sich die Erde zu stark erwärmt, weil das CO_2 die Wärmeabstrahlung in den Weltraum behindert (Treibhauseffekt).

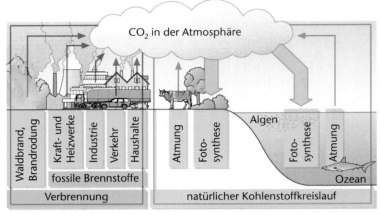

CO₂-Emissionen
Industrieländer: 84 %
Entwicklungsländer: 16 %

15,0 t	Nahrung und Konsumgüter
7,5 t	Auto (15 000 km)
3,5 t	Heizung (Heizöl)
2,6 t	Strom (inkl. Warmwasser)
1,5 t	Flugzeug (Urlaubsreise)
0,5 t	Bus

Jährliche energiebedingte CO_2-Emissionen verursacht durch eine dreiköpfige Familie in Deutschland.

▶ Feuer

Um Feuer zu machen brauchte der Mensch Brennstoffe. Ihm standen Hölzer, trockene Gräser und das Mark von Baumpilzen (Zunder) zur Verfügung.

Erzeugung der ersten Funken
Dazu bediente er sich verschiedener Reibinstrumente. Durch das Aneinanderreiben zweier Gegenstände wird Wärme freigesetzt.

Funkenschlagen durch Feuersteine
Feuersteine bestehen aus Quarz (SiO_2 = Siliziumdioxid). Sie sind schwarz, grau oder graubraun und sehr hart (Härtegrad 7). Schlägt man die Steine aneinander, springen kleine Splitter ab, die durch die Reibung so stark erhitzt werden, dass sie mit dem Sauerstoff aus der Luft verglühen. Mit dieser Glut konnten die Urmenschen weitere leicht brennbare Stoffe entzünden.

Feuerstein

Der Zunder – Brennstoff mit großer Oberfläche
Das Fleisch eines Baumpilzes wurde getrocknet und als Zunder verwendet. Wegen seiner großen Oberfläche war der Zunder leicht entzündbar und die Glut konnte lange erhalten werden.

Zunder (Baumpilz)

Feuersägen
Ein spitzer Holzstab wird in die Höhlung eines Weichholzes gesetzt und durch schnelles Drehen mit den Händen in Bewegung gesetzt. Die erzeugte Reibungswärme entzündet dann den Zunder, der in der Höhlung mitgerieben wird und schließlich wird damit trockenes Laub oder Gras entzündet.

Ein interessantes Gerät war die Feuersäge. Sie arbeitet nach dem gleichen Prinzip wie die geriebenen Hölzer. Die Drehbewegung wird jedoch durch das schnelle Hin- und Herziehen einer Bogensehne auf das Vielfache erhöht.

114

Um Feuer zu machen braucht man:

1. einen Brennstoff in einem geeigneten Zerteilungsgrad.
2. Aktivierungsenergie zum Erreichen der Entzündungstemperatur des Brennstoffes.
3. genügend Sauerstoff für die Verbrennung.

Brennstoffe verbrennen nur, wenn sie so weit erhitzt werden, dass sie im gasförmigen Zustand vorliegen.

7 Durch Pusten in die Glut wird die Sauerstoffzufuhr erhöht. Der Brennstoff flammt auf.

6 Trockene Gräser werden am glühenden Zunder entzündet.

5 Sauerstoffteilchen aus der Luft fördern die Verbrennung.

1 Einsatz mechanischer Energie – Drehbewegung

2 Erzeugung von Reibungswärme – Aneinanderreiben von Hartholzstab an Weichholzplatte.

3 Entzündungstemperatur des Zunders wird erreicht.

4 Brennbare Bestandteile des Zunders vergasen – Gase entzünden sich durch große Reibungswärme.

► Feuerwehr

Eine wirksame Brandbekämpfung wurde vor allem mit der Entstehung von immer größeren und immer dichter besiedelten Städten notwendig. Bei der dichten Bauweise führten kleine Brände oft zu riesigen Feuersbrünsten. Beim großen Feuer in San Francisco im April 1906 zum Beispiel wurde fast die ganze Stadt zerstört: 30 000 Gebäude verbrannten, 3000 Menschen starben, etwa 250 000 Menschen wurden obdachlos.

Heute gibt es in jeder größeren Stadt eine Berufsfeuerwehr, kleinere Gemeinden unterhalten eine freiwillige Feuerwehr.

Alle Verfahren zur Brandbekämpfung setzen darauf, die Bedingungen zu stören, die ein Feuer zum Brennen braucht.

Brennstoff
Entfernen brennbarer Materialien

Sauerstoff
Abschneiden der Sauerstoffzufuhr

Zündtemperatur
Abkühlen unter die Zündtemperatur, Löschtechniken der Feuerwehr

Gebräuchlichstes Löschmittel ist immer noch Wasser. Wasser löscht durch Kühlen, die Luft wird mit Wasserdampf angereichert. Manchmal setzt man dem Wasser Chemikalien zur Schaumbildung zu. Der Schaum deckt auch leichte, brennbare Flüssigkeiten wie Benzin ab, die sonst auf dem Wasser schwimmen würden. Er verhindert die Sauerstoffzufuhr und wirkt ebenfalls kühlend.

Manche kleinere Brände können gut mit gasförmigen Löschmitteln wie CO_2 gelöscht werden. Hier wird der Sauerstoff in der Luft verdrängt und der Brennstoff durch ein relativ schweres, unbrennbares Gas abgedeckt.

Eine ähnliche Wirkung haben Pulverlöscher. Die Pulverfüllung besteht aus dem gleichen Stoff, der auch in Backpulver enthalten ist. Bei großer Hitze wird ebenfalls CO_2 frei.

In einigen Fällen entwickeln Brände eine derartige Gewalt, dass sie durch normale Maßnahmen nicht zu löschen sind. Flammen über brennenden Ölquellen etwa müssen durch den Druck von Sprengstoff-Explosionen „ausgeblasen" werden.

Feuerlöscher

► Feuerzeug

Bei den meisten modernen Feuerzeugen wird das Gas Butan als Brennstoff verwendet. In sogenannten Sturmfeuerzeugen dient Benzin als Brennstoff. Das Prinzip des Entzündens ist gleich. Über die Reibung wird Wärme erzeugt, die so hoch ist (Entzündungstemperatur), dass sich der Brennstoff entzündet.

Chemische Reaktion:

Butan + Sauerstoff → Wasser + Kohlenstoffdioxid

$$2\,C_4H_{10} + 13\,O_2 \rightarrow 10\,H_2O + 8\,CO_2$$

1 Drehen des Metallrädchens (mechanische Energie)

2 Reibung des Metallrädchens am Zündstein erzeugt große Reibungswärme.

3 Entzündungstemperatur des Gases wird erreicht – Gasteilchen entzünden sich.

4 Sauerstoffteilchen fördern die Verbrennung.

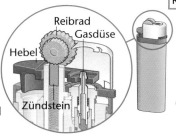

Reibrad
Gasdüse
Hebel
Zündstein

115

▶ Glut

Ein Holzkohlestück glüht, es brennt nicht mit offener Flamme. Damit sich Flammen bei der Verbrennung bilden können, muss ein fester Stoff in einen gasförmigen Zustand übergehen, wie z. B. bei der Kerze. Verdampft ein Stoff nicht, obwohl die Entzündungstemperatur erreicht ist, dann verglüht er. Es kommt nicht zu einer Flammenbildung. An der Farbe der Glut kann man in etwa die Glühtemperaturen erkennen.

Holzkohle

Weißglut	1300 °C
	1200 °C
Gelbglut	1100 °C
	1000 °C
	900 °C
	800 °C
	700 °C
Rotglut	600 °C

Glühtemperaturen

▶ Hochofen

Kohlenstoffmonooxid (CO) reduziert den größten Teil des Eisenerzes zu Eisen. Dabei oxidiert es zu Kohlenstoffdioxid.
Reduktion + Oxidation

↑

Das Kohlenstoffdioxid reagiert unter den hohen Temperaturen mit der darüber liegenden Koksschicht zu Kohlenstoffmonooxid.
Reduktion

↑

Von unten wird erhitzte Luft (ca. 800 °C), durch die Ringleitung in den Hochofen geblasen. Die unterste Koksschicht reagiert mit dem Sauerstoff des Heißwindes zu Kohlenstoffdioxid.
Oxidation

Vorgänge im Hochofen

obere Glocke zum Beschicken angehoben

untere Glocke zum Einfüllen gesenkt

Möller

Koks

Wasserkühlung

Ringleitung

Roheisenabstich

200 °C
400 °C
900 °C
1200 °C
1400 °C
1600 °C
2000 °C
1600 °C
1400 °C

Vorwärmzone
Die heißen Abgase (Gichtgas) trocknen Koks und Möller. Im Erz gebundenes Wasser wird ausgetrieben.

↓

Reduktionszone
Eisenoxid reagiert schrittweise mit Kohlenstoffmonooxid und wird zu Eisen reduziert (chemische Reaktion).
Eisenoxid + Kohlenstoffmonooxid →
Eisen + Kohlenstoffdioxid
Das entstehende Kohlenstoffdioxid reagiert in der nächsten Koksschicht wieder zu Kohlenstoffmonooxid.
Kohlenstoffdioxid + Kohlenstoff → Kohlenstoffmonooxid

↓

Kohlungszone
Das Eisen sackt nach unten durch und nimmt Kohlenstoff aus dem Koks auf. Die Schmelztemperatur des Gemischs beträgt etwa 1200 °C.

↓

Schmelzzone
Die Hauptmenge des Eisens wird flüssig. Es bildet sich Schlacke, die auf dem Roheisen schwimmt. Roheisen und Schlacke werden getrennt abgelassen.

Heutzutage wird das Roheisen im Hochofen erzeugt und nicht mehr in Rennöfen. Die Hochöfen sind bis zu 85 m hoch. Ihre Wände bestehen aus feuerfesten Steinen, die von einem Stahlmantel umgeben sind. Zur Kühlung sind in das Mauerwerk Kästen eingelassen, durch die fortwährend Wasser fließt. Der Hochofen wird von oben her abwechselnd mit Steinkohlenkoks (fast reiner Kohlenstoff) und Möller bestückt. Möller ist ein Gemisch, das die Eisenerze enthält.
Das im Hochofen erzeugte Roheisen enthält neben Mangan (Mn), Phosphor (P), Silicium (Si) und Schwefel (S) noch etwa 3 % bis 5 % Kohlenstoff. Dieses graue Roheisen ist hart und spröde. Man kann es zu Gusseisen in Formen gießen. Gusseisen wird zu Öfen, Heizkesseln, Motorblöcken, Röhren, Straßendeckeln und Maschinenteilen verarbeitet.
Um Roheisen formbar zu machen, lässt man es in flüssiger Form im Stahlwerk mit Sauerstoff reagieren. Dabei werden die unerwünschten Begleitstoffe entfernt. Aus dem Roheisen wird formbarer Stahl. Sein Kohlenstoffanteil darf nicht über 1,7 % liegen.

Magneteisenerz

Zwei wichtige Spezialstähle im Vergleich				
Name	Legierungsanteile (%)		Eigenschaften	Verwendungsbeispiele
Werkzeug-stahl (unlegiert)	C Si Mn P S	0,5–1,5 0,15–0,5 0,6–0,8 0,035 0,035	hohe Festigkeit, große Härte bis zu einer Arbeitstemperatur von 200 °C	Feilen, Zangen Messer, Handsägen, Schraubenzieher
nicht rosten-der Stahl (hochlegiert)	C Cr Ni Mo	0,05–0,12 12–18 8–20 <1	korrosionsbeständig gegen Luftfeuchtigkeit und Wasser, beständig gegen Säuren und Laugen	Spültische, Behälter, Küchengeräte, Geräte für Nahrungs-mittelindustrie

Roteisenerz

▶ Kalkwasser

Mit Kalkwasser lässt sich Kohlenstoffdioxid (CO_2) nachweisen. Wenn das Gas durch klares Kalkwasser strömt, wird dieses milchig trüb.

Kalkwasser reizt die Haut und die Schleimhäute.
Beachte die Gefahrenstoffhinweise. ⚠

Kohlenstoffdioxid trübt Kalkwasser

▶ Kerze

Leider gibt es keine Lupen, mit denen man beobachten könn-te, wie die Wachsmoleküle der Kerze verbrennen. Dies kann also nur ein Modell sein:

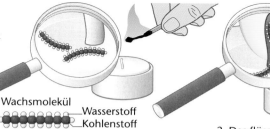

Wachsmolekül
—Wasserstoff
—Kohlenstoff

1. Der Docht wird angezündet. Er ver-brennt und wird schwarz. Das Wachs schmilzt.

2. Das flüssige Wachs wird vom Docht aufgesogen.

3. Durch die Hitze des brennenden Dochts zerbrechen die langen Molekülketten, das Wachs wird gasförmig.

4. Es herrscht eine Tempera-tur von 800 °C. Die kurzen Ketten haben Kontakt mit Sauerstoff. Er reagiert mit dem Wasserstoff der Wachsmoleküle zu Wasser. Dabei wird Wärme frei und blaues Licht abgestrahlt.

Sauerstoff-molekül
Wasser-molekül
Kohlen-stoff

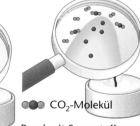

●●● CO_2-Molekül

5. Der Koh-lenstoff wird in der Flam-me hochge-wirbelt und kommt am äußeren Rand mit Sauerstoff zusammen. Hier ist es noch heißer, ca. 1300 °C. Erneut gibt es eine chemische Reaktion, bei der Koh-lenstoffdioxid entsteht. Es wird Wärme frei und gelbes Licht abgestrahlt.

▶ Laborbrenner

Für einige Experimente wird eine Wärmequelle gebraucht, die heißer als eine Kerzenflamme wird, der Laborbrenner. Gebräuchlich sind drei Brennertypen: Bunsenbrenner, Teclubrenner und Kartuschenbrenner.
Die Arbeit mit dem Brenner ist nicht ganz un-gefährlich, denn unverbrannt ausströmendes Gas kann mit Luft explosive Gemische bilden. Es ist deshalb wichtig, Aufbau und Wirkungs-weise des Gasbrenners zu kennen, um damit si-cher umzugehen.

Entzünden des Brenners

1. Schließe den Brenner an die Gasversorgung

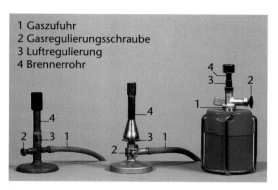

1 Gaszufuhr
2 Gasregulierungsschraube
3 Luftregulierung
4 Brennerrohr

Bunsenbrenner, Teclubrenner, Kartuschenbrenner

des Tisches an und prüfe, ob die Luftzufuhr geschlossen ist.

2. Setze eine Schutzbrille auf und halte Streichhölzer oder Gasanzünder bereit.

3. Öffne die Gaszufuhr und entzünde das ausströmende Gas sofort!

Regulierung des Brenners

Der Brenner zeigt nun eine leuchtende Flamme. Ihre Größe kann durch Verringerung oder Verstärkung der Gaszufuhr geregelt werden.

Je nach Einstellung der Luftzufuhr können nun drei Flammentypen erzeugt werden.

– Bei der **leuchtenden** Flamme bleibt die Luftzufuhr geschlossen.

– Wird die Luftzufuhr so weit geöffnet, bis das Leuchten gerade verschwindet, erhält man eine **nicht leuchtende** Flamme. Mit dieser Flamme wird in der Regel gearbeitet.

– Wird die Luftzufuhr weit geöffnet, entsteht eine sehr heiße **rauschende** Flamme mit hellblauem Kern.

Vorsicht bei Bedienungsfehlern! ⚠️

– Wird bei der nicht leuchtenden oder rauschenden Flamme die Gaszufuhr verringert, so kann sich die Flamme in das Brennerloch

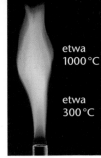

etwa 1000 °C
etwa 300 °C
etwa 1300 °C
etwa 1500 °C (heißeste Zone)
etwa 300 °C

leuchtend   nicht leuchtend   rauschend

zurückziehen. Der Brenner wird dabei sehr heiß. Ursache für ein solches „Zurückschlagen der Flamme" kann ein eingeklemmter Gasschlauch sein. Die Gaszufuhr muss in diesem Fall sofort geschlossen werden! Nach dem Erkalten und Schließen der Luftzufuhr kann der Brenner dann erneut entzündet werden.

– Einen Kartuschenbrenner beim Experimentieren nie schräg halten. Vorsicht Kippgefahr! Gefahr einer Stichflamme!

– Bei Gasgeruch im Raum sofort das Fenster öffnen!

▶ Lagerfeuer

Ein Lagerfeuer wird nach der Entzündungstemperatur der Brennstoffe und nach dem geeigneten Zerteilungsgrad geschichtet.

Zunächst entzündet man locker zerknülltes Papier (Entzündungstemperatur: 250 °C). Das brennende Papier entwickelt so viel Wärme, dass die Entzündungstemperatur des Holzes (ca. 300 °C) erreicht wird. Der feine Zerteilungsgrad der kleinen Holzzweige erleichtert das Entzünden. Nachdem die kleinen trockenen Holzzweige gut brennen, wird von ihnen so viel Wärme entwickelt, dass auch die

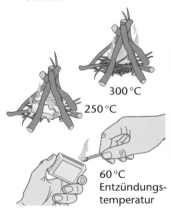

300 °C
250 °C
60 °C Entzündungstemperatur

großen Holzscheite an der Oberfläche gasförmig werden und Feuer fangen.

▶ Legierungen

Legierungen sind Gemische von mindestens zwei Metallen, die durch Zusammenschmelzen entstehen. Sie haben andere Eigenschaften als die reinen Metalle.

Im Altertum hergestellte Legierungen wurden häufig als eigenes Metall angesehen. Man kannte Elektron (Gold + Silber), Bronze (Kupfer + Zinn), Messing (Kupfer + Zink) und Amalgam (Legierungen mit Quecksilber).

Heute werden Legierungen in genauen Mischungsverhältnissen hergestellt.

Weiß-Gelb-Rotgold   Lötzinn

Mörser aus Messing

Weißgold:
585 Teile Gold + 415 Teile Silber oder Platin
Gelbgold: 585 Teile Gold + 425 Teile Kupfer
Rotgold: 333 Teile Gold + 667 Teile Kupfer

Neusilber:
500 Teile Silber + 250 Teile
Zink + 250 Teile Nickel
Messing, rot:
80 % Kupfer + 20 % Zink

Messing, gelb:
70 % Kupfer + 30 % Zink
Lötzinn: 60 % Zinn + 40 % Blei
Edelstahl, nichtrostend:
Eisen + 18 % Chrom + 20 % Nickel

Wasserkessel
aus Edelstahl

▶ Metalle

Von den über
100 Elementen
im Perioden-
system (siehe
Anhang) sind
78 Metalle. Im

Aluminium (Al)   Gold (Au)   Quecksilber (Hg)   Magnesium (Mg)   Kupfer (Cu)

festen und flüssigen Aggregatzustand haben
sie charakteristische Eigenschaften. Dazu
gehören: glänzende Oberfläche, geringe Licht-
durchlässigkeit, hohes Leitvermögen für
Wärme und gute elektrische Leitfähigkeit. Bei
Raumtemperatur sind alle Metalle fest (Ausnah-
me: Quecksilber ist flüssig). Fast alle techni-
schen Gebrauchsmetalle sind Legierungen. Die

bekanntesten sind: Bronze, Messing und Lötzinn.
Gold und Silber findet man in der Natur als Elemente in metallischer Form. Die anderen Metalle kommen in der Natur als Erze vor. Die reinen Metalle müssen aus diesen Verbindungen
herausgelöst werden. Dies geschieht z. B. beim
Eisen im Hochofen.

▶ Nahrungszubereitung

Als der Mensch in Urzeiten anfing zu kochen,
erweiterte sich seine Nahrungspalette enorm.
Pflanzen, die in rohem Zustand giftig oder
kaum verdaulich waren, wurden durch Kochen
genießbar. Fleisch, das schnell verdarb, machte
man durch Räuchern haltbar. Krankheitserreger
im rohen Fleisch wurden durch das Braten oder
Kochen vernichtet.
Fleisch besteht hauptsächlich aus Eiweiß. Ei-
weißmoleküle sind sehr groß und deshalb
schwer verdaulich (Verdauung). Durch Erhitzen werden die großen Moleküle in kleinere
zerlegt, sodass sie mithilfe von Verdauungs-

enzymen bis zu ihren Grundbausteinen, den
Aminosäuren, abgebaut werden können.
Gemüse besteht hauptsächlich aus Kohlehydraten. Diese Moleküle sind ebenfalls sehr
groß. Beim Kochen platzen die Wände der
Pflanzenzellen, die Kohlehydrate werden in
kleinere, besser verdauliche Moleküle zerlegt
(organische Stoffe).
Beim Braten benötigt man heißes Fett. Hinein-
gelegte Fleischstücke schließen sofort an der
Oberfläche ihre Poren und garen dann langsam weiter. Dadurch wird ein Flüssigkeitsverlust
bei Fleisch verhindert, das Fleisch bleibt saftig.

▶ Ofen

Ähnlich wie beim Lagerfeuer werden
im Ofen die Brennstoffe (Papier, kleine und größere Holzscheite und
Kohle) entsprechend ihren Entzün-
dungstemperaturen geschichtet.
Eine ausreichende Luftzufuhr von
unten, mit dem notwendigen Sauerstoff, sorgt für die Verbrennung.
Gleichzeitig müssen aber auch die
giftigen Verbrennungsprodukte (z. B.
Kohlenstoffmonooxid CO) und das
verbrennungsfeindliche Kohlenstoffdioxid (CO_2) mit der heißen Luft
durch einen Kamin nach außen ent-
sorgt werden.

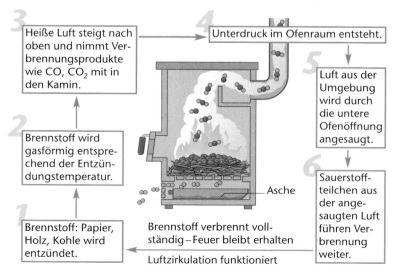

3 Heiße Luft steigt nach oben und nimmt Verbrennungsprodukte wie CO, CO_2 mit in den Kamin.

4 Unterdruck im Ofenraum entsteht.

5 Luft aus der Umgebung wird durch die untere Ofenöffnung angesaugt.

2 Brennstoff wird gasförmig entsprechend der Entzündungstemperatur.

6 Sauerstoffteilchen aus der angesaugten Luft führen Verbrennung weiter.

1 Brennstoff: Papier, Holz, Kohle wird entzündet.

Brennstoff verbrennt vollständig – Feuer bleibt erhalten

Asche

Luftzirkulation funktioniert

► Organische Stoffe

Alles was der belebten Natur angehört wird „organisch" genannt. In der Chemie spricht man von „organisch", wenn ein Stoff aus Verbindungen des Elementes Kohlenstoff besteht (chemische Formel).
Nahrungsmittel enthalten im Wesentlichen zwei Arten organischer Verbindungen: Gemüse sind hauptsächlich aus Kohlehydraten aufgebaut, Fleisch und Fisch bestehen vorwiegend aus Eiweißen. Beide Gruppen bestehen aus großen Molekülen, die der Mensch nur schwer verdauen kann (Nahrungszubereitung).
Bei starkem Erhitzen werden die Nahrungsmittel schwarz, sie verkohlen. Bei ihrer vollständigen Verbrennung entsteht Kohlenstoffdioxid (CO_2) und Asche.

► Oxidation

Oxidationen sind chemische Reaktionen, bei denen ein Stoff eine Verbindung mit Sauerstoff eingeht (chemische Formeln).
1. Eine Verbrennung ist eine Oxidation bei der Energie in Form von Wärme und Licht frei wird. Da alle Brennstoffe, sowie alle pflanzlichen und tierischen Materialien Kohlenstoff enthalten (organische Stoffe), entsteht bei ihrer Verbrennung immer Kohlenstoffdioxid (CO_2).
Metalle verbrennen zu Metalloxiden. Da Metalle keinen Kohlenstoff enthalten, kann auch kein CO_2 entstehen. Fast alle Stoffe lassen sich bei genügend hohen Temperaturen verbrennen, also oxidieren.

2. Langsame Oxidation
Metalle können auch langsam ohne messbare Energieabgabe oxidieren. Eisen rostet, Kupfer läuft grün an. Silber wird schwarz.
Eine langsame Oxidation findet auch in unserem Körper statt. Mit der Atmung nehmen wir Sauerstoff, mit der Nahrung Kohlenstoff (z. B. in den Kohlehydraten) auf. Durch chemische Prozesse im Körper entsteht daraus das Kohlenstoffdioxid, das wir ausatmen. Die dabei entstehende Energie sichert z. B. unsere Körpertemperatur.
Stoffe, die durch eine Oxidation entstehen nennt man Oxide.

► Oxide

Oxide sind Sauerstoffverbindungen. Sie entstehen durch Oxidation, eine chemische Reaktion.
1. Bei der Oxidation von Metallen entstehen feste Oxide.
Kupfer + Sauerstoff → Kupferoxid (CuO)
Magnesium + Sauerstoff → Magnesiumoxid (MgO)
Eisen + Sauerstoff → Eisenoxid (Fe_2O_3)
2. Nichtmetalle wie Kohlenstoff, Stickstoff oder Schwefel bilden gasförmige Oxide:
Kohlenstoff + Sauerstoff → Kohlenstoffdioxid (CO_2)
Stickstoff + Sauerstoff → Stickoxid (NO_2)
Schwefel + Sauerstoff → Schwefeldioxid (SO_2)
Diese Gase sind vor allem im Rauch- und Abgas von Kraftfahrzeugen, Kraftwerken und Heizungen enthalten und gehören zu den Luftschadstoffen.
Rost
Rost entsteht durch langsame Oxidation, wenn

Aluminiumoxid, Kupferoxid, Magnesiumoxid

Mikroaufnahme Rost

Eisen Feuchtigkeit und Luft ausgesetzt wird. Es wird von den rotbraunen, bröckeligen Eisenoxiden überzogen und kann sogar vollständig durchrosten. Rost ist weder magnetisch noch elektrisch leitfähig.

► Rennofen

Um 1000 v. Chr. wurde in verschiedenen Ländern ein Verfahren zur Eisengewinnung angewendet, das auf der Erkenntnis beruhte, dass den Eisenerzen im Holzkohlefeuer langsam das Eisen entzogen werden kann. Im so genannten Rennofen wurde diese Erkenntnis genutzt. Bei der Verbrennung im Rennofen wurde mit Blasebalgen zusätzlicher Sauerstoff in den Ofen hineingeblasen und damit die Temperatur der Holzkohleglut erhöht.

Im Rennofen laufen zwei Arten von chemischen Reaktionen ab: die Oxidation und die Reduktion.

1. – Der Kohlenstoff (C) aus der Holzkohle reagiert mit dem Sauerstoff (O_2) der Außenluft zu Kohlenstoffdioxid (CO_2). Diesen Vorgang nennt man Oxidation.

2. – Die starke Sauerstoffzufuhr von außen lässt die Verbrennung im Ofen immer stärker werden. Aufgrund der hohen Temperaturen bilden die Kohlenstoffdioxid-Teilchen (CO_2) mit Kohlenstoff (C) wieder Kohlenstoffmonooxid (CO). Dies ist eine Reduktion.

3. – Die Kohlenstoffmonooxid-Teilchen (CO) reagieren nun mit den Sauerstoffteilchen, die im Eisenerz (Fe_2O_3) gebunden sind und bilden wieder Kohlenstoffdioxid (CO_2). Dies ist eine Oxidation.

4. – Dem Eisenerz (Fe_2O_3) wird also der Sauerstoff entzogen, Eisen (Fe) entsteht. Diese Reaktion ist eine Reduktion.

Oxidation und Reduktion laufen gleichzeitig ab, man spricht deshalb von Redox-Reaktion. Das im Rennofen gewonnene Eisen war weich und brüchig. Es trennte sich nur unvollkommen von der Schlacke. Es kann mit der Qualität eines Roheisens aus heutigen Hochöfen nicht verglichen werden.

Eisenerz   Holzkohle

nachgebauter Rennofen

Luft

Eisenerz

Fe
Eisen Fe

2. $2\,CO_2 + C \rightarrow 2\,CO$
Kohlenstoffmonooxid CO

1. $C + O_2 \rightarrow CO_2$
Kohlenstoffdioxid CO_2

Sauerstoff O_2
Kohlenstoff C
Holzkohle

Eisenoxid Fe_2O_3
3. $Fe_2O_3 + 3\,CO \rightarrow 3\,CO_2 + 2\,Fe$

► Streichholz

1829 erfand der Engländer J. Walker Zündhölzer. 1832 entwickelte Johann Friedrich Kammerer die ersten gebrauchsfähigen Zündhölzer in Deutschland.
Die ersten Streichhölzer hatten den Nachteil, dass sie sich selbst entzünden konnten, weil sie weißen Phosphor enthielten. Dieser Stoff ist sehr giftig und hat eine Entzündungstemperatur von nur 40 °C. Sie konnten an jeder rauen Fläche entzündet werden.

Rudolph Christian Boettger erfand 1848 das Sicherheitszündholz. Das Zündköpfchen enthält Schwefel und Stoffe, die Sauerstoff abgeben. Die Reibfläche besteht aus Reibemitteln, wie Glaspulver und rotem Phosphor. Dieser ist ungiftig und entflammt beim Reiben für einen Augenblick. Dadurch wird der Schwefel im Zündköpfchen gezündet, der dann das Holz zum Entflammen bringt.

Zündhölzer um 1830

► Zerteilungsgrad

Wenn Stoffe verbrennen, findet die chemische Reaktion zwischen den einzelnen Atomen bzw. Molekülen an der Oberfläche der Stoffe statt. Sind die Stoffe fein zerteilt, haben sie eine große Oberfläche, an der viele Reaktionen möglich sind. Sie verbrennen leichter. Insbesondere beim Feuer entfachen, oder beim Schichten eines Lagerfeuers spielt der Zerteilungsgrad der Brennstoffe eine wichtige Rolle.

glühendes Holzkohlestück

funkensprühendes Holzkohlepulver

Hartholzstück und Holzspäne brennen unterschiedlich

Liste der Gefahrstoffe, die im Versuchsteil dieses Buches vorkommen:

Spalte 2: Die Kennbuchstaben sind den Gefahrensymbolen auf der nächsten Seite zugeordnet. **Spalte 3:** Gefahrenhinweise (R-Sätze, r = risk). Es sind die Nummern der R-Sätze angegeben. Sie sind durch einen Bindestrich getrennt; sind sie mit einem Schrägstrich versehen, handelt es sich um eine Kombination von R-Sätzen. **Spalte 4:** Sicherheitsratschläge (S-Sätze, s = security). Es sind die Nummern der S-Sätze angegeben. Sie sind durch einen Bindestrich getrennt; sind sie mit einem Schrägstrich versehen, handelt es sich um eine Kombination von S-Sätzen. **Spalte 5:** MAK-Wert. Es wird die maximale Arbeitsplatzkonzentration nach der MAK-Liste der Deutschen Forschungsgemeinschaft (DFG) angegeben. F = Feinstaub, G = Gesamtstaub. Aus der Nichterwähnung eines Stoffes darf nicht auf seine Unbedenklichkeit geschlossen werden. Vielmehr ist mit Chemikalien grundsätzlich besonnen umzugehen.

Bezeichnung des Stoffes	Kennbuchstabe des Gefahren-symbols	Gefahren-hinweise (R-Sätze)	Sicherheits-ratschläge (S-Sätze)	MAK-Wert mg/m^3
Ammoniumchlorid	Xn	22-36	2-22	
Brennspiritus s. Ethanol				
Calciumhydroxid	Xi	41	2-22-24-26-39	5 G
Cobaltchlorid	Xn	22-43	2-24-37	
Eisen(III)-chlorid	Xn	22-38-41	1/2-26-39	
Eisen(III)-nitrat	X, O	8-36/38	(2)-26	
Essigsäureethylester	F	11	2-16-23-29-33	1400
Ethanol	F	11	2-7-16	1900
Kalkwasser, gesättigt	Xi	41	2-24/25-26-39	
Kupfer(II)-sulfat	Xn	22-36/38	2-22	1
Magnesiumpulver (phlegmatisiert)	F	11-15	2-7/8-43	
Magnesiumspäne	F	11-15	2-7/8-43	
Mangan(IV)-oxid (Mangandioxid)	Xn	20/22	2-25	0,5 G

Bezeichnung des Stoffes	Kennbuchstabe des Gefahren-symbols	Gefahren-hinweise (R-Sätze)	Sicherheits-ratschläge (S-Sätze)	MAK-Wert mg/m³
Natriumnitrit	O, T, N	8-25-50	(1/2)-45-61	
Petroleumbenzine Siedebereich ca. 40-60 °C	F	11	9-16-29-33	
Petroleumbenzine Siedebereich ca. 100-140 °C	F	11	9-16-29-33	
Wasserstoffperoxidlösung 5% bis unter 20%	Xi	36/38	1/2-3-28-36/39-45	1,4

Gefahrstoffsymbole

Gefährliche Stoffe müssen mit einem Gefahren-symbol versehen werden.

Symbol	Gefahren-bezeich-nung	Kenn-buch-stabe	Gefährlichkeitsmerkmale
	Sehr giftig	T+	Dieser Stoff verursacht äußerst schwere Gesundheitsschäden, schon weniger als 25 mg pro kg Körpergewicht können bei Ein-nahme zum Tod führen.
	Giftig	T	Der Stoff kann erhebliche Ge-sundheitsschäden verursachen, 25 bis 200 mg pro kg Körperge-wicht können zum Tod führen.
	Krebs er-zeugend		Dieser Stoff kann bei Lebewesen die Entwicklung von Krebs auslö-sen.
	Erbgut ver-ändernd		Dieser Stoff kann das Erbgut von Lebewesen schädigen.
	Reproduk-tions-toxisch		Dieser Stoff kann die Fortpflan-zung von Lebewesen beeinträch-tigen.
	Gesund-heits-schädlich	Xn	Dieser Stoff ist gesundheitsschäd-lich. 200 bis 2000 mg pro kg Kör-pergewicht können tödlich sein.

Symbol	Gefahren-bezeich-nung	Kenn-buch-stabe	Gefährlichkeitsmerkmale
	Reizend	Xi	Dieser Stoff hat Reizwirkung auf Haut und Schleimhäute, er kann Entzündungen auslösen.
	Ätzend	C	Der Stoff kann lebendes Gewebe zerstören.
	Explosions-gefährlich	E	Dieser Stoff kann unter bestimm-ten Bedingungen explodieren.
	Brand-fördernd	O	Dieser Stoff ist brandfördernd, er reagiert mit brennbaren Stoffen.
	Hoch ent-zündlich	F+	Dieser Stoff ist selbst entzündlich, er kann bereits bei Temperaturen unter 0 °C entflammen.
	Leicht ent-zündlich	F	Dieser Stoff ist leicht entzündlich, er kann bei Temperaturen unter 21 °C entflammen. Oder: Dieser Stoff bildet explosionsfähige Ge-mische mit Luft. Oder: Dieser Stoff bildet, mit Wasser zusam-mengebracht, brennbare Gase.
	Umwelt-gefährlich	N	Dieser Stoff kann längerfristig schädliche Wirkungen auf die Umwelt haben. Er ist schädlich in Gewässern, Boden oder Luft und (sehr) giftig für Organismen.

R 1	In trockenem Zustand explosionsgefährlich.
R 2	Durch Schlag, Reibung, Feuer oder andere Zündquellen explosionsgefährlich.
R 3	Durch Schlag, Reibung, Feuer oder andere Zündquellen besonders explosionsgefährlich.
R 4	Bildet hochempfindliche explosionsgefährliche Metallverbindungen.
R 5	Beim Erwärmen explosionsfähig.
R 6	Mit und ohne Luft explosionsfähig.
R 7	Kann Brand verursachen.
R 8	Feuergefahr bei Berührung mit brennbaren Stoffen.
R 9	Explosionsgefahr bei Mischung mit brennbaren Stoffen.
R 10	Entzündlich.
R 11	Leicht entzündlich.
R 12	Hochentzündlich.
R 14	Reagiert heftig mit Wasser.
R 15	Reagiert mit Wasser unter Bildung hochentzündlicher Gase.
R 16	Explosionsgefährlich in Mischung mit brandfördernden Stoffen.
R 17	Selbstentzündlich an der Luft.
R 18	Bei Gebrauch Bildung explosionsfähiger/leicht entzündlicher Dampf/Luftgemische möglich.
R 19	Kann explosionsfähige Peroxide bilden.
R 20	Gesundheitsschädlich beim Einatmen.
R 21	Gesundheitsschädlich bei Berührung mit der Haut.
R 22	Gesundheitsschädlich beim Verschlucken.
R 23	Giftig beim Einatmen.
R 24	Giftig bei Berührung mit der Haut.
R 25	Giftig beim Verschlucken.
R 26	Sehr giftig beim Einatmen.
R 27	Sehr giftig bei Berührung mit der Haut.
R 28	Sehr giftig beim Verschlucken.
R 29	Entwickelt bei Berührung mit Wasser giftige Gase.
R 30	Kann bei Gebrauch leicht entzündlich werden.
R 31	Entwickelt bei Berührung mit Säure giftige Gase.
R 32	Entwickelt bei Berührung mit Säure sehr giftige Gase.
R 33	Gefahr kumulativer Wirkungen.
R 34	Verursacht Verätzungen.
R 35	Verursacht schwere Verätzungen.
R 36	Reizt die Augen.
R 37	Reizt die Atmungsorgane.
R 38	Reizt die Haut.
R 39	Ernste Gefahr irreversiblen Schadens.
R 40	Irreversibler Schaden möglich.
R 41	Gefahr ernster Augenschäden.
R 42	Sensibilisierung durch Einatmen möglich.
R 43	Sensibilisierung durch Hautkontakt möglich.
R 44	Explosionsgefahr bei Erhitzen unter Einschluss.
R 45	Kann Krebs erzeugen.
R 46	Kann vererbbare Schäden verursachen.
R 48	Gefahr ernster Gesundheitsschäden bei längerer Exposition.
R 49	Kann Krebs erzeugen beim Einatmen.
R 50	Sehr giftig für Wasserorganismen.
R 51	Giftig für Wasserorganismen.
R 52	Schädlich für Wasserorganismen.
R 53	Kann in Gewässern längerfristig schädliche Wirkung haben.
R 54	Giftig für Pflanzen.
R 55	Giftig für Tiere.
R 56	Giftig für Bodenorganismen.
R 57	Giftig für Bienen.
R 58	Kann längerfristig schädliche Wirkungen auf die Umwelt haben.
R 59	Gefährlich für die Ozonschicht.
R 60	Kann die Fortpflanzungsfähigkeit beeinträchtigen.
R 61	Kann das Kind im Mutterleib schädigen.
R 62	Kann möglicherweise die Fortpflanzungsfähigkeit beeinträchtigen.
R 63	Kann das Kind im Mutterleib möglicherweise schädigen.
R 64	Kann Säuglinge über die Muttermilch schädigen.
R 65	Gesundheitsschädlich: Kann beim Verschlucken Lungenschäden verursachen.
R 66	Wiederholter Kontakt kann zu spröder und rissiger Haut führen.
R 67	Dämpfe können Schläfrigkeit und Benommenheit verursachen.

Beispielhafte Kombination der R-Sätze (Auszug)

R 14/15	Reagiert heftig mit Wasser unter der Bildung leicht entzündlicher Gase.
R 15/29	Reagiert mit Wasser unter Bildung giftiger und leicht entzündlicher Gase.
R 20/21	Gesundheitsschädlich beim Einatmen und bei Berührung mit der Haut.
R 20/22	Gesundheitsschädlich beim Einatmen und Verschlucken.
R 20/21/22	Gesundheitsschädlich beim Einatmen, Verschlucken und Berührung mit der Haut.
R 21/22	Gesundheitsschädlich bei Berührung mit der Haut und beim Verschlucken.
R 23/24/25	Giftig beim Einatmen, Verschlucken und bei Berührung mit der Haut.
R 26/27/28	Sehr giftig beim Einatmen, Verschlucken und bei Berührung mit der Haut.
R 36/37/38	Reizt die Augen, Atmungsorgane u. die Haut.
R 39/23	Giftig: ernste Gefahr irreversiblen Schadens durch Einatmen.
R 39/24	Giftig: ernste Gefahr irreversiblen Schadens bei Berührung mit der Haut.
R 39/25	Giftig: ernste Gefahr irreversiblen Schadens durch Verschlucken.
R 39/23/24	Giftig: ernste Gefahr irreversiblen Schadens durch Eintamen und Berührung mit der Haut.
R 39/23/25	Giftig: ernste Gefahr irreversiblen Schadens durch Einatmen und durch Verschlucken.
R 39/24/25	Giftig: ernste Gefahr irreversiblen Schadens bei Berührung mit der Haut und durch Verschlucken.
R 39/23/24/25	Giftig: ernste Gefahr irreversiblen Schadens durch Einatmen, bei Berührung mit der Haut und durch Verschlucken.
R 39/26/27	Sehr giftig: ernste Gefahr irreversiblen Schadens durch Einatmen und bei Berührung mit der Haut.
R 39/27/28	Sehr giftig: ernste Gefahr irreversiblen Schadens bei Berührung mit der Haut und durch Verschlucken.
R 39/26/27/28	Sehr giftig: ernste Gefahr irreversiblen Schadens durch Einatmen, bei Berührung mit der Haut und durch Verschlucken.
R 40/22	Gesundheitsschädlich: Möglichkeit irreversiblen Schadens durch Verschlucken.
R 40/20/21	Gesundheitsschädlich: Möglichkeit irreversiblen Schadens durch Einatmen und bei Berührung mit der Haut.

Sicherheitshinweise: S-Sätze

S 1   Unter Verschluss aufbewahren.

S 2   Darf nicht in die Hände von Kindern gelangen.

S 3   Kühl aufbewahren.

S 4   Von Wohnplätzen fernhalten.

S 5   Unter ... aufbewahren (geeignete Flüssigkeit vom Hersteller anzugeben).

S 6   Unter ... aufbewahren (inertes Gas vom Hersteller anzugeben).

S 7   Behälter dicht geschlossen halten.

S 8   Behälter trocken halten.

S 9   Behälter an einem gut gelüfteten Ort aufbewahren.

S 12   Behälter nicht gasdicht verschließen.

S 13   Von Nahrungsmitteln, Getränken und Futtermitteln fern halten.

S 14   Von ... fern halten (inkompatible Substanzen vom Hersteller anzugeben).

S 15   Vor Hitze schützen.

S 16   Von Zündquellen fern halten – nicht rauchen.

S 17   Von brennbaren Stoffen fern halten.

S 18   Behälter mit Vorsicht öffnen und handhaben.

S 20   Bei der Arbeit nicht essen und trinken.

S 21   Bei der Arbeit nicht rauchen.

S 22   Staub nicht einatmen.

S 23   Gas/Rauch/Dampf/Aerosol nicht einatmen (geeignete Bezeichnung[en] vom Hersteller anzugeben).

S 24   Berührung mit der Haut vermeiden.

S 25   Berührung mit den Augen vermeiden.

S 26   Bei Berührung mit den Augen gründlich mit Wasser abspülen und Arzt konsultieren.

S 27   Beschmutzte, getränkte Kleidung sofort ausziehen.

S 28   Bei Berührung mit der Haut sofort abwaschen mit viel ... (vom Hersteller anzugeben).

S 29   Nicht in die Kanalisation gelangen lassen.

S 30   Niemals Wasser hinzugießen.

S 33   Maßnahmen gegen elektrostatische Aufladung treffen.

S 35   Abfälle und Behälter müssen in gesicherter Weise beseitigt werden.

S 36   Bei der Arbeit geeignete Schutzkleidung tragen.

S 37   Geeignete Schutzhandschuhe tragen.

S 38   Bei unzureichender Belüftung Atemschutzgerät anlegen.

S 39   Schutzbrille/Gesichtsschutz tragen.

S 40   Fußboden und verunreinigte Gegenstände mit ... reinigen (vom Hersteller anzugeben).

S 41   Explosions- und Brandgase nicht einatmen.

S 42   Beim Räuchern/Versprühen geeignetes Atemschutzgerät anlegen (geeignete Bezeichnung[en] vom Hersteller anzugeben).

S 43   Zum Löschen ... (vom Hersteller anzugeben) verwenden (wenn Wasser die Gefahr erhöht, anfügen: „Kein Wasser verwenden").

S 44   Bei Unwohlsein ärztlichen Rat einholen (wenn möglich, dieses Etikett vorzeigen).

S 45   Bei Unfällen oder Unwohlsein sofort Arzt zuziehen (wenn möglich, dieses Etikett vorzeigen).

S 46   Bei Verschlucken sofort ärztlichen Rat einholen und Verpackung oder Etikett vorzeigen.

S 47   Nicht bei Temperaturen über ... °C aufbewahren (vom Hersteller anzugeben).

S 48   Feucht halten mit ... (geeignetes Mittel vom Hersteller anzugeben).

S 49   Nur im Originalbehälter aufbewahren.

S 50   Nicht mischen mit ... (vom Hersteller anzugeben).

S 51   Nur in gut belüfteten Bereichen verwenden.

S 52   Nicht großflächig für Wohn- und Aufenthaltsräume zu verwenden.

S 53   Exposition vermeiden. Vor Gebrauch besondere Anweisung einholen.

S 56   Diesen Stoff und seinen Behälter der Problemabfallentsorgung zuführen.

S 57   Zur Vermeidung einer Kontamination der Umwelt geeigneten Behälter verwenden.

S 59   Informationen zur Wiederverwendung/Wiederverwertung beim Hersteller/Lieferanten erfragen.

S 60   Dieser Stoff und/oder sein Behälter sind als gefährlicher Abfall zu entsorgen.

S 61   Freisetzung in die Umwelt vermeiden. Besondere Anweisungen einholen/Sicherheitsdatenblatt zu Rate ziehen.

S 62   Bei Verschlucken kein Erbrechen herbeiführen. Sofort ärztlichen Rat einholen und Verpackung oder dieses Etikett vorzeigen.

S 63   Bei Unfall durch Einatmen: Verunfallten an die frische Luft bringen und ruhig stellen.

S 64   Bei Verschlucken Mund mit Wasser ausspülen (nur wenn Verunfallter bei Bewusstsein ist).

Beispielhafte Kombination der S-Sätze (Auszug)

S 1/2   Unter Verschluss und für Kinder unzugänglich aufbewahren.

S 3/7/9   Behälter dicht geschlossen halten und an einem kühlen, gut gelüfteten Ort aufbewahren.

S 3/9   Behälter an einem kühlen, gut gelüfteten Ort aufbewahren.

S 3/14   An einem kühlen Ort entfernt von ... aufbewahren (die Stoffe, mit denen Kontakt vermieden werden muss, sind vom Hersteller anzugeben).

S 3/9/14   An einem kühlen, gut gelüfteten Ort, entfernt von ... aufbewahren (die Stoffe, mit denen Kontakt vermieden werden muss, sind vom Hersteller anzugeben).

S 3/9/49   Nur im Originalbehälter an einem kühlen, gut gelüfteten Ort aufbewahren.

S 3/9/14/49   Nur im Originalbehälter an einem kühlen, gut gelüfteten Ort, entfernt von ... aufbewahren (die Stoffe, mit denen Kontakt vermieden werden muss, sind vom Hersteller anzugeben).

S 7/8   Behälter trocken und dicht geschlossen halten.

S 7/9   Behälter dicht geschlossen an einem gut gelüfteten Ort aufbewahren.

S 20/21   Bei der Arbeit nicht essen, trinken, rauchen.

S 24/25   Berührung mit den Augen und der Haut vermeiden.

S 36/37   Bei der Arbeit geeignete Schutzhandschuhe und Schutzkleidung tragen.

S 37/39   Bei der Arbeit geeignete Schutzhandschuhe und Schutzbrille/Gesichtsschutz tragen.

S 36/37/39   Bei der Arbeit geeignete Schutzkleidung, Schutzhandschuhe und Schutzbrille/Gesichtsschutz tragen.

Grundregeln für richtiges Experimentieren

Beim Experimentieren muss man besonders sorgfältig und vorsichtig sein.
Lies dir zuerst die Versuchsbeschreibung durch.
Beginne mit dem Experimentieren erst, wenn dir die auszuführenden Tätigkeiten klar sind. Führe die einzelnen Schritte eines Experiments immer in der richtigen Reihenfolge aus.

Melde es sofort dem Lehrer, wenn dir etwas unklar ist oder etwas Unerwartetes geschieht. Achte darauf, dass deine Versuchsaufbauten nicht umkippen können. Trage stets die notwendige Schutzkleidung. Informiere dich darüber, wo der Erste-Hilfe-Kasten und der Feuerlöscher stehen. Du solltest mit diesen Hilfsmitteln auch umgehen können.

Schutz vor Verbrennungen:

Versuch beendet – Brenner aus!

Schutz vor elektrischen Schlägen:

Nur Spannungen bis 24 V verwenden!

Schutz vor Verletzungen:

Versuch sorgfältig und überlegt aufbauen!

Schutz vor Vergiftung und Verätzung:

Chemikalien richtig aufbewahren und vorsichtig benutzen!

Und wenn doch etwas passiert...

Feuerlöschdecke

Sicherungsautomat (Hauptsicherung)

Labor 1 | Labor 2 | Labor 3

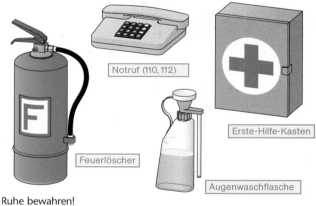

Notruf (110, 112)

Feuerlöscher

Erste-Hilfe-Kasten

Augenwaschflasche

Ruhe bewahren!
Sofort Lehrerin oder Lehrer informieren!
Hauptschalter bzw. Haupthahn sofort abdrehen!
Bei größeren Unfällen sofort Notruf: Feuerwehr 112
Polizei 110

Erste Hilfe leisten!

Die Gefahrensymbole:

giftig

ätzend

gesundheitsschädlich

leicht entzündlich

explosionsgefährlich

brandfördernd

gefährliche Spannung

umweltgefährlich

Bestimmungshilfe: Tiere in Bach und See

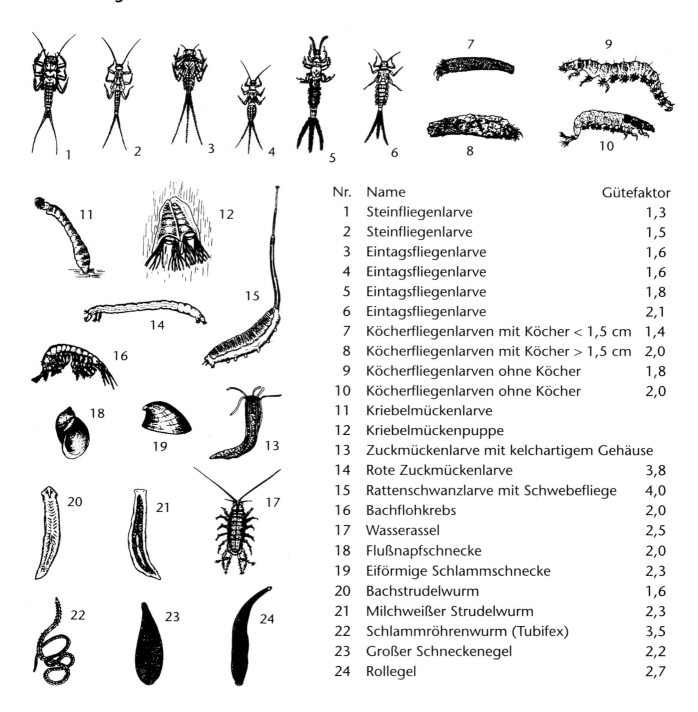

Nr.	Name	Gütefaktor
1	Steinfliegenlarve	1,3
2	Steinfliegenlarve	1,5
3	Eintagsfliegenlarve	1,6
4	Eintagsfliegenlarve	1,6
5	Eintagsfliegenlarve	1,8
6	Eintagsfliegenlarve	2,1
7	Köcherfliegenlarven mit Köcher < 1,5 cm	1,4
8	Köcherfliegenlarven mit Köcher > 1,5 cm	2,0
9	Köcherfliegenlarven ohne Köcher	1,8
10	Köcherfliegenlarven ohne Köcher	2,0
11	Kriebelmückenlarve	
12	Kriebelmückenpuppe	
13	Zuckmückenlarve mit kelchartigem Gehäuse	
14	Rote Zuckmückenlarve	3,8
15	Rattenschwanzlarve mit Schwebefliege	4,0
16	Bachflohkrebs	2,0
17	Wasserassel	2,5
18	Flußnapfschnecke	2,0
19	Eiförmige Schlammschnecke	2,3
20	Bachstrudelwurm	1,6
21	Milchweißer Strudelwurm	2,3
22	Schlammröhrenwurm (Tubifex)	3,5
23	Großer Schneckenegel	2,2
24	Rollegel	2,7

Register

A

Absetzbecken 29, 39
Algen 14, 32
Algenblüte 32
Aluminium 119
Aluminiumoxid 120
Amalgam 118
Ammonium 17, 32
Ammoniumchlorid 122
Arbeit 25, 39
Asche 105,110, 120
Atmung unter Wasser 15, 33
Augenfleck 32
Auftriebskraft 56, 63, 76, 77, 79, 81, 84, 90
Adhäsionskraft 39

B

Bach 20
Bachuntersuchungen 41
Bachverlauf 41
Ballonrakete 74
Bauanleitung
 – CO_2-Löscher 99
 – CO_2-Maschine 96
 – Feuersägen 115
 – Ofen 107
 – Planktonnetz 14
 – Schaumlöscher 99
 – Tiefenmessgerät 48
 – Wasserkraftwerk 25
Bauchspeicheldrüse 27
Baumpilz 114
Bernoulli 62, 76, 77, 81, 86
Belebungsbecken 29
Bestimmungshilfe
 – Tiere in Bach u. See 127
Bewegungsmonster 66
Benzine 123
Benzinmotor 74, 76
Biologische Reinigungs-stufe 29, 39
Blutfarbstoffe 112
Blutgefäße 27
Brände 99, 110, 115
Brandklassen 110
Braten 106
Brennglas 102
Brennspiritus 122
Brennstoffe 101, 105, 108, 110, 114, 115, 119, 120
Bruchwaldzone 42

Bronze 118
Bronzezeit 108
Bruttoregistertonnen 56, 77
Bunsenbrenner 117

C

Calciumhydroxid 122
Carbonat 112
Carboneum 112
Cartesischer Taucher 58, 77, 79
Chemische Formeln 100, 108, 111, 113, 120
Chemische Reaktion 98, 101, 109, 111, 112, 116, 117, 121
Chemische Reinigungs-stufe 29, 39
Chloroplast 32
CO_2 96, 101, 110, 111, 113, 115, 117, 120
CO_2-Ausstoß 114
CO_2-Löscher 99
Cobaltchlorid 122

D

Dampfmaschine 103
Darmzotten 49
Dekompressionskammer 59, 77, 89
Diamant 112
Dichte 57, 58, 78, 84
Dickdarm 27
Druck 58, 59, 76, 78
Durst 26, 33
Düsentriebwerk 74, 77, 79
Dünndarm 27
Dünndarmsaft 27
Dynamit 103

E

Edelstahl 119
Egel 11
Eingriffe des Menschen 15, 34
Einheiten 136
Eintagsfliegenlarve 11, 15, 33
Einzeller 32
Eisen 112
Eisen(III)-chlorid 122
Eisen(III)-nitrat 122
Eisenerz 121

Elektron 118
Elementenliste 133
Emission 114
Endotherme Reaktion 101, 113
Energie 25, 34
Entzündungstemperatur 105, 111, 115
Enzyme 49
Erfinderwerkstatt 67
Erzeuger 42
Essigsäureethylester 122
Ethanol 122
Eutrophierung 34
Exotherme Reaktion 101, 113
Experimentierregeln 126
Expertenvortrag 15, 35

F

Fallröhre 61, 79
Fallschirm 61, 79
Faultürme 29
Fettfleckprobe 27, 35
Ferrum 112
Feuer 96, 97, 102, 104, 114, 121
Feuergeschichten 92
Feuerhüter 105
Feuerlöscher 115
Feuersägen 104, 114
Feuerstein 104, 114
Feuerstellen 107
Feuerwehr 99, 110, 115
Feuerzeug 105, 115
Fische 58, 59, 75, 79
Fischtyp 15, 33
Fliegen 60, 63, 80
Fließgeschwindigkeit 21, 35
Flohkrebs 11
Flügel 63, 77, 81, 83
Flugsamen 60, 81
Flugzeug 63, 77, 81
Forschungsbericht 97
Fortbewegung im Wasser 14, 35
Fossile Energieträger 112
Fotosynthese 16, 36
Freie Wasserzone 19
Fußbodenheizung 102

G

Galactic Navigator 94, 101

Gallenflüssigkeit 27
Gangart 68, 82
Gaswägekugel 64, 83
Geißel 32
Gelbrandkäfer 11, 14, 33
Gelbrandkäferlarve 33
Gefahrenhinweise
 – R-Sätze 124
Gefahrstoffliste 122
Gefahrstoffsymbole 123, 126
Gelbgold 118
Geschützte Pflanzen und Tiere 19, 36
Geschwindigkeit 70, 71, 83, 89
Gewässergüte 11, 14, 19, 20, 36
Giftwirkung 47
Glas 102
Gleitflug 63, 83, 91
Glimmspanprobe 16, 37, 97
Glühlampe 103
Glühtemperaturen 116
Glut 105, 108, 116
Gold 119
Graphit 112
Großlibellenlarve 11
Grünalge 37

H

H_2O 24, 37
Harnblase 27
Harnbildung 44
Harnleiter 44
Härtegrade 50
Hautatmung 33
Heißluftballon 65, 76, 84
Heuaufguß 14, 37
Hindenburg 54
Hornalge 46
Hochofen 103, 109, 113, 116, 119, 121
Hochofenkoks 116
Holzkohle 116
Hüpferling 11
Hydrogenium 111

I

Infothek
 – Lebensgrundlage Wasser 32
 – Fortbewegung in Natur

und Technik 76
– Stoffe verändern sich u. werden verändert 110

J
Jones, Brain 55
Joule 32, 34

K
Kahmhaut 37
Kalkwasser 98, 117, 122
Kanalisation 28, 38, 39
Kapillarkraft 39
Kartierung 19, 21, 38
Kartuschenbrenner 117
Kerzen 96, 98, 113, 116, 117
Kiemen 33
Kieselalge 46
Kipfer, Charles 54
Kläranlage 28, 29, 39
Klärschlamm 29
Kleinlibellenlarve 11
Köcherfliegenlarven 11
Kochen 106
Kohäsionskraft 39
Kohlenstoff 112
Kohlenstoffdioxid 36
Kohlenstoffkreislauf 48, 113
Kraft 60, 84
Kräfte 24, 39
Kraftmesser 56, 84
Kreislauf des Wassers 25, 40
Kressetest 17
Kupfer 119
Kupfergewinnung 108
Kupferoxid 120
Kupfer(II)-sulfat 122

L
Laborbrenner 97, 100, 117
Lagerfeuer 105, 118, 119, 121
Lebensraum Bach 20, 40
Lebensraum See 18, 41
Legierungen 108, 117, 118, 119
Lilienthal, Otto 54
Lindbergh, Charles 54
Lötzinn 118, 119
Luft 60, 85, 89, 97
Luftwiderstand 61, 72, 79, 85, 91

M
Mangandioxid 97, 122
Magensaft 27
Magnesium 119, 120, 122
Magnesiumoxid 120
Magnesiumpulver 122
Magneteisenerz 116
Mastdarm 27
Mechanische Reinigungsstufe 28, 39
Messing 118, 119
Messzylinder 64, 85
Metalle 102, 108, 118, 119
Metallgewinnung 108
Mischsystem 38
Mind-Map 22, 35
Mobilität 73, 85
Montgolfier 55
Mörser 118
Mundspeichel 27
Muskelschichten 49

N
Nahrungskette 15, 43
Nahrungsnetz 43, 44
Nahrungspyramide 47
Nahrungszubereitung 106 119, 120
Nährschicht 42
Natriumnitrit 123
Neusilber 119
Newtonmeter 32, 34
Nieren 27, 44
Nierenarterie 44
Nierenbecken 44
Nierenkanälchen 44
Nierenkapsel 44
Nierenkörperchen 44
Nierenmark 44
Nierenrinde 44
Nierenvene 44
Nitrat 17, 29, 44
Nitrit 17, 44
Nitrogenium 111

O
Ofen 107, 119, 120
Organische Stoffe 106, 110, 120
Oxidation 101, 110, 113, 120, 121

Oxide 101, 112, 113, 120
Oxygenium 112
Ozon 112

Ö
Öllampe 102

P
Pantoffeltierchen 37
Papierflieger 62, 85
Periodensystem 134
Pflanzenkläranlage 29, 45
Phantasietiere 67
PH-Wert 17, 45
Phosphat 17, 29, 45
Piccard, Auguste 54
Piccard, Bertrand 55
Piccard, Jacques 55
Plankton 14, 19, 46
Propeller 74, 77, 86, 87
Projekt 13
Pulsierendes Bläschen 32
PSE 134

Q
Quecksilber 119

R
Rakete 74, 80, 86
Rattenschwanzlarve 33
Reaktionsgleichung 113
Rechen und Siebe 39
Redoxreaktion 121
Reduktion 121
Reibung 72, 87
Rennofen 108, 109, 113, 120
Röhrichtzone 42
Rost 120
Roteisenerz 117
Rotgold 118
Ruderwanze 11
Rückenschwimmer 11
Rückstoß 75, 80, 86, 87, 90

S
Sauerampfer 51
Sauerstoff 112
Sauerstoffgehalt 16, 18, 46
Sauerstoffkreislauf 48
Sauerstoffsättigung 16, 18, 46
Schadstoffe 17, 18, 21, 47

Schaumlöscher 99
Schäden durch Wasser 25, 47
Schiffsschraube 74, 77, 87
Schießpulver 102
Schilfzone 18
Schlammbehandlung 39
Schlammfliegenlarve 11
Schlammröhrenwurm 11
Schleimhaut 49
Schmelzofen 108
Schneckenrennen 71
Schnorcheltyp 15, 33
Schotten 57, 87
Schritte 68
Schwanzfäden 33
Schweben 64
Schwerkraft 60, 44
Schwerpunkt 25, 44
Schwimmblattzone 19, 42
See 18
Sicherheitshinweise
– S-Sätze 125
Solarzeitalter 103
Spielanleitung
– Gewässer-Güte Spiel 11
– Woher kommt der Dreck 28
Stabwanze 11, 33
Stauseekraftwerk 51
Stärkebildungszentrum 32
Stechmückenlarve 11, 33
Steinfliegenlarve 11
Stichling 11
Stickstoff 111
Stickstoffkreislauf 45
Stoffkreislauf 29, 48
Streichholz 105, 121
Strömungslinien 73
Strömungsspezialisten 40
Stromlinienform 73, 81, 88, 91
Strudelwurm 11
Symbolgleichung 113

T
Tachometer 70, 89
Tauchblattzone 19, 42
Taucher 33
Taucherglocke 59, 89
Taucherkrankheit 59, 89
Tauchertyp 15, 33
Tauchpanzer 59, 89
Teclubrenner 117

Teilchenmodell 64, 90, 75
Tellerschnecke 11
Temperaturschichtung 43
Tempo 74
Tiefen des Meeres 58
Tiefe und Sichttiefe 19, 48
Tintenfisch 75, 90
Titanic 56, 57
Tracheenkiemen 33
Traum vom Fliegen 60
Treibhauseffekt 114
Trennsystem 38
Trinkwasser 30, 48
Trinkwasserversorgung 30,
  31, 49

Ü
Überlaufgefäß 56, 90

U
U-Boot 59, 90
Uferzone 18, 42
Ufernahe Zone 19
Umrechnung v. Einheiten
  – Kraft 136
  – Geschwindigkeit 136
  – Druck 136
  – Zeit 136
  – Arbeit 136
  – Wärme 136
  – Energie 136

V
Vakuum 61, 80, 83, 91
Verbraucher 42
Verdauung 27, 49, 119
Verne, Jules 55
Vielzeller 32

W
Vögel 63, 64, 75, 81, 83,
  91
Vorfluter 39

W
Wachsdämpfe 98
Waldbrand 110
Waltyp 15, 33
Wasser 24, 49
Wasserassel 11
Wasserfloh 11
Wasserhärte 17, 31, 50
Wasserhaushalt 26, 50
Wasserkessel 119
Wasserkraftwerk 25, 51
Wasserkreislauf 27, 40
Wasserlabor 16
Wasserläufer 11
Wassernachweis 26, 51
Wasserpest 51
Wasserskorpion 11
Wasserstoff 111
Wasserstoffmotor 103
Wasserstoffperoxid 97, 123
Wasserspinne 11, 33
Wasserteilchen 24
Wasserverbrauch 31, 51
Wasserwerk 49
Wattsekunden 32, 34
Weiden- und Erlenzone 18
Weißgold 118
Wimperntierchen 37
Wirkungskette 74, 91

Z
Zehrschicht 42
Zeigerpflanzen 14, 19, 20,
  51

Zellkern 32
Zellwand 32
Zersetzer 42
Zerteilungsgrad 100, 104,
  115, 121
Zündhölzer 121

Bildquellenverzeichnis

4.1 Fabian H. Silberzahn, Stuttgart; 4.2 Super-bild (Zscharnack), Grünwald; 4.3 Silvestris (K. Wothe), Kastl; 4.4 Focus (Hans Michel/Agence Vandystadt), Hamburg; 4.5 pwe Kinoarchiv (Christopher Reeve), Hamburg; 5.1 Volkswagen AG, Wolfsburg; 5.2 IFA-Bilderteam (VPA), München; 5.3 Deutsches Museum, München; 5.4 Imagine (Westlight), Hamburg; 6.1 (Hans Michel/Agence Vandystadt), 11 (Peter Blakeman) Focus; 6.2 DaimlerChrysler Aerospace Airbus GmbH, Hamburg; 6.3 (VCL), 12 (VCL) Bavaria, Gauting; 6.4, 6 (Lacz), 8 (Albinger) Mauritius, Stuttgart; 6.5 Helga Lade (R. Sebastian), Frankfurt; 6.7 Hartmut Fahrenhorst, Unna; 6.9 Toni Angermayer (Fritz Pölking), Holzkirchen; 6.10 Volkswagen AG; 6.13 Dräger

Sicherheitstechnik GmbH, Lübeck; 6.14 Bruce Coleman Ltd. (Jane Burton), Uxbridge; 7.1 (Hintergrund) Corbis, London; 7.2+3+5 AKG, Berlin; 7.4+8+9 Deutsches Museum; 7.6 Ullstein Bilderdienst (Ullstein), Berlin; 7.7 AP Associated Press GmbH (AP Photo/Ruben Sprich/Pool), Frankfurt/M.; 7.10 (Hintergrund, Phototheque SD), 19 (AGE) Mauritius; 7.11 dpa (RMS Titanic/Discovery Channel online), Stuttgart; 7.12 Focus (Peter Blakeman); 7.13 Bilderberg (Frieder Blickle), Hamburg; 7.14–16+ 20–22+24 H. Fahrenhorst; 7.17 Dräger Sicherheitstechnik GmbH; 7.18 Bavaria (VCL); 7.23 natur media gmbh (Mienert), München; 8.1/9 (Hintergrund) Mauritius (von Ravenswaay); 8.2 Superbild (Zscharnack); 8.3 Laenderpress (LÖ), Mainz; 8.4 ALEXANDER Weltatlas, Klett-Perthes, Gotha; 8.5 IFA-Bilderteam (International Stock); 9.1 (Itar-Tass), 4 (C. Boisvieux) Bilderberg; 9.2 Laenderpress (WA); 9.3+7 KNA-Bild, Frankfurt/M.; 9.5 Mauritius (Keyphoto International); 9.6 BPK, Berlin; 10.1/11 (Hintergrund) Superbild (Zscharnack); 10.2, 11.1 Klett-Perthes, Gotha; 12.1+2+5+6 H. Fahrenhorst; 12.3 Verkleinerung aus der Wanderkarte 1:25 000, vervielfältigt mit Genehmigung des Landesvermessungsamtes NRW vom 03.12.1999 Nr. 99194; 12.4 ALEXANDER Weltatlas, Klett-Perthes; 13, 14.1+2 H. Fahrenhorst; 14.3 Claus Kaiser, Stuttgart; 14.4 Helmut Länge, Stuttgart; 14.5 (Nuridsany & Perennou), 15.1 (Dr. Frieder Sauer), 2 (Norbert Lange) Okapia, Frankfurt/M.; 16–19, 20.1–6, 21 H. Fahrenhorst; 20.7 Ute Kühner, Stuttgart; 22.1/23 (Hintergrund) PhotoDisc; 22.2 Mauritius (Messerschmidt); 22.3 Okapia (Ulrich Zillmann); 22.4 Tony Stone, München; 22.5 IFA-Bilderteam (Direct Stock); 23.1 Mauritius (Frauke); 23.2 Corbis (Lawrence Manning); 24.1 Klett-Archiv; 24.2+3+5+7+8 H. Fahrenhorst; 24.4 Hermann Eisenbeiss, Egling; 24.6 Mauritius (SST); 25.1 Corbis (Nik Wheeler)/Picture Press Life; 25.2 Mauritius (Thonig); 25.3 IFA-Bilderteam (International Stock); 25.4 Mauritius (Paul Stephan-Viervow); 26 H. Fahrenhorst; 28.1/29 (Hintergrund) Superbild (Erich Bach); 28.2 Visum (Thomas Pflaum), Hamburg; 28.3 H. Lade (P. Thompson); 28.4 Mauritius (Mc Carthy); 28.5 H. Fahrenhorst; 29.1 H. Lade (BAV); 29.2+3 H. Fahrenhorst; 29.4 (H. Schmidbauer), 5 (Eric Bach) Superbild; 29.6 K. Ralf Niederberger, Bockenheim; 30.1/31 (Hintergrund) MEV-Verlag; 30.2+3 H. Fahrenhorst; 30.4 BPK; 31.1+3 Landesamt für Wasserwirtschaft, Rheinland-Pfalz; 31.2 Silvestris (K. Wothe); 31.4 Mauritius (O'Brien); 31.5 F. H. Silberzahn; 31.6 H. Fahrenhorst; 31.7 Corbis (James L. Amos); 31.8 Focus (Pascal Maitre/cosmos); 32.1 Reinhard-Tierfoto (H. Reinhard), Heiligkreuzsteinach; 32.2 Frieder Sauer, Karlsfeld; 32.3+4 Eckart Pott, Stuttgart; 35.1 Burkhard Schäfer, Friedeburg; 35.2 Bildarchiv Sammer, Neuenkirchen; 36.1 Kilda Verlag, Greven; 36.2 T. Angermayer; 36.3 Reinhard-Tierfoto (H. Reinhard); 37.1 Klett-Archiv; 37.2 Joachim Wygasch, Paderborn; 37.3 Karl Frickinger; 37.4 Nature & Science (Aribert Jung), Vaduz; 40.1 Ulrich Heitkamp, Gleichen-Diemarden; 40.2 T. Angermayer (H. Pfletschinger); 46.1 Heinz Schneider, Landau; 46.2 Florian Karly, München; 47.1 Klett-Archiv; 47.2 Mauritius (O'Brien); 51.1 Klett-Archiv; 51.2 Visum (Gerd Ludwig); 51.3 Reinhard-Tierfoto (H. Reinhard); 51.4+5 Olaf Bieck, Stuttgart; 52.1 (Michel Hans), 3 (Peter Blakeman) Focus; 52.2 Mauritius (Lacz); 52.4 Bavaria (VCL); 52.5 Dräger Sicherheitstechnik GmbH; 52.6 B. Coleman Ltd. (Jane Burton); 53.1 DaimlerChrysler Aerospace Airbus GmbH; 53.2 Bavaria (VCL); 53.3 Mauritius; 53.4 H. Lade (R. Sebastian); 53.5 H. Fahrenhorst; 53.6 Mauritius (Albinger); 53.7 T. Angermayer (Fritz Pölking); 53.8 Volkswagen AG; 54.1/55 (Hintergrund) Corbis; 54.2+3 AKG; 54.4 Ullstein Bilderdienst (Ullstein); 54.5, 55.1 Deutsches Museum; 55.2 AKG; 55.3 AP Associated Press GmbH (AP Photo/Ruben Sprich/Pool); 55.4 Deutsches Museum; 56.1 AKG; 56.2–6, 57.1–3 H. Fahrenhorst; 57.4 AKG; 58.1/59 (Hintergrund) Mauritius (Phototheque SD); 58.2 dpa (RMS Titanic/Discovery Channel online); 58.3 Bilderberg (Frieder Blickle); 58.4+5+7–10 H. Fahrenhorst; 58.6 Bavaria (VCL); 59.1 Focus (Peter Blakeman); 59.2 H. Fahrenhorst; 59.3 Dräger Sicherheitstechnik GmbH; 59.4 Mauritius (AGE); 59.5 natur media gmbh (Mienert); 60.1+2 (Christopher Reeve), 4 pwe Kinoarchiv; 60.3 BPK; 60.5+10 H. Fahrenhorst; 60.6 Okapia (NAS Dr. W. Harlow); 60.7+8 H. Fahrenhorst; 60.9 Nature & Science (Aribert Jung); 61.1 H. Fahrenhorst; 61.2 H. Lade (R. Sebastian); 62.1 (Hintergrund) Okapia (Hans Reinhard); 62.2–6+8 H. Fahrenhorst; 62.7 Ilse Nötzold, Drensteinfurt; 63.1 BPK; 63.2 (Lacz), 7 (Kupka) Mauritius; 63.3–6+8 H. Fahrenhorst; 64.1/65 (Hintergrund) Bavaria (Geisser); 64.2 H. Fahrenhorst; 64.3 Silvestris (Pölking); 64.4+5 H. Fahrenhorst; 64.6 Georg Trendel, Unna; 65.1 I. Nötzold; 65.2+3 G. Trendel; 66.1 Jacana, Paris;

66.2 H. Fahrenhorst; 66.3 E. Pott; 66.4 Focus (Hans Michel/Agence Vandystadt); 66.5+6 H. Fahrenhorst; 67.1 Gerhard-Mercator-Universität-GH Duisburg, Fachbereich Maschinenbau, Fachgebiet Mechanik; 67.2–5, 68.1 H. Fahrenhorst; 68.2 Focus (Hans Michel/Agence Vandystadt); 68.3 B. Coleman Ltd. (Jane Burton); 69.1 H. Fahrenhorst; 69.2 Gerhard-Mercator-Universität-GH Duisburg, Fachbereich Maschinenbau, Fachgebiet Mechanik; 69.3+6+7 H. Fahrenhorst; 69.4+5 G. Trendel; 70.1 H. Fahrenhorst; 70.2+3 Werkstatt Fotografie Neumann und Zörlein, Stuttgart; 71.1 E. Pott; 71.2 H. Fahrenhorst; 71.3+4 Michael Steinle, Fellbach; 71.5 dpa (Försterling); 71.6 H. Lade (TPH); 72.1 (Hintergrund) dpa (Schrader); 72.2–10 H. Fahrenhorst; 73.1 G. Trendel; 73.2+7 Opel AG, Rüsselsheim; 73.3+6 Volkswagen AG; 73.4 DaimlerChrysler Aerospace Airbus GmbH; 73.5 Reinhard-Tierfoto (Hans Reinhard); 73.8 DaimlerChrysler, Stuttgart; 73.9 Visum (Thomas Pflaum); 74.1 H. Fahrenhorst; 74.2 Delius Klasing Verlag GmbH, Redaktion: bike (Ulli Seer), München; 74.3+5 G. Trendel; 74.4, 75.1+2 H. Fahrenhorst; 75.3 Jacana; 77.1 Mauritius; 77.2 E. Pott; 80 DaimlerChrysler Aerospace Airbus GmbH; 81 Johann Leupold, Wendisch-Evern; 82.1 Okapia (Tom Ulrich/OSF); 82.2 T. Angermayer (Fritz Pölking); 83.1 Okapia (G.I. Bernard/OSF); 83.2 H. Fahrenhorst; 84.1 Bongarts (Peter Schatz), Hamburg; 84.2 Neumann und Zörlein; 86.1 H. Lade (Willi Arand); 86.2 Bavaria (VCL); 87 H. Lade (H. R. Bramaz); 88 DaimlerChrysler (Wallach); 89 Seemann Sub GmbH, Nürnberg; 90.1 B. Coleman Ltd. (Jane Burton); 90.2 Howaldtswerke-Deutsche Werft AG (HDW), Kiel; 92.1/93 (Hintergrund), 92.2 IFA-Bilderteam (VPA); 92.3 (AGE), 5 (Hubatka), 6 (Mallaun), 7 (Arthur) Mauritius; 92.4 Astrofoto (EIT/SOHO/NASA), Leichlingen; 92.8 Imagebank Bildagentur GmbH (Romilly Lockyer), München; 92.9 dpa (Bildarchiv); 93.1 Focus (MAO/G. Planchenault/Vandystadt); 93.2 Bavaria; 93.3 dpa (Fotoreport); 93.4 Cinetext, Frankfurt; 93.5 Imagebank (Eric Meola); 94.1+4 PhotoDisc; 94.2 Okapia (Martyn Colbeck/OSF); 94.3 dpa (Bildarchiv); 95.1 Okapia (Martyn Colbeck/OSF); 95.2 dpa (Bildarchiv); 96–98, 99.1+3+4+6–8 H. Fahrenhorst; 99.2 dpa (epa); 99.5 Neumann und Zörlein; 100.1+2+4 H. Fahrenhorst; 100.3 Bavaria; 101.1 Kaiser, Alfdorf; 101.2–5 H. Fahrenhorst; 102.1 BPK (Jürgen Liepe); 102.2 H. Lade (H. Laemmerer); 103.1 Interfoto Pressebild Agentur, München; 103.2 dpa (Tschauner); 104.1 pwe Kinoarchiv; 104.2 BPK (Jürgen Liepe); 104.3 AKG; 104.4–6 Ilse Nötzold, Drensteinfurt; 104.7 H. Fahrenhorst; 105.1 Gert Elsner, Stuttgart; 105.2 Superbild (H. Schmidbauer); 105.3+5–7 H. Fahrenhorst; 105.4 Imagebank (Van der Lende); 106.1 Cinetext; 106.2, 107.4+8 Bilderdienst Süddeutscher Verlag, München; 106.3+4+6+7, 107.2+3+5–7+9 H. Fahrenhorst; 106.5 AKG (Paul Almasy); 107.1 H. Lade (BAV); 108.1 Cinetext; 108.2+5 Historisches Bildarchiv Hansmann (Claus Hansmann), München; 108.3 Robert Harding Picture Library Ltd., London; 108.4 Dr. Wilhelm Strube, Naunhof; 108.6 Inter Topics (Time Inc./Mansell Coll.), Hamburg; 108.7 Deutsches Museum; 109.1 AKG; 109.2 dpa (Tschauner); 109.3 Thyssen Krupp Stahl AG, Duisburg; 111 Grimmel, Stuttgart; 113.1+3 H. Fahrenhorst; 113.2 Kaiser; 114.1 Okapia (Ernst Schacke/Naturbild); 114.2 Picture Press (Corbis/Bergmann), Hamburg; 115.1 action press (REX), Hamburg; 115.2 Conrad Höllerer, Stuttgart; 116.1 H. Fahrenhorst; 116.2, 117.1, 118.1–3 Neumann und Zörlein; 117.2+3 Klett-Archiv; 118.4 H. Fahrenhorst; 118.5 August Gerstner, Pforzheim; 118.6 Felder GmbH Löttechnik, Oberhausen; 118.7 Historisches Bildarchiv Hansmann (Claus Hansmann); 119.1 MEV Verlag; 119.2+4–6 Bernhard Heinze, Stuttgart; 119.3 Müller, Stuttgart; 120.1 H. Fahrenhorst; 120.2 DVA, Stuttgart; 121.1 Hermann Huber, Stuttgart; 121.2 Deutsches Museum; 121.3–5 Neumann und Zörlein; 134, 135 B. Heinze

Weitere Grafiken unter Mitarbeit von: Marianne Golte-Bechtle, Stuttgart: 68.3 (Hufe); Mathias Hütter, Schwäbisch Gmünd: 9.1+2, 15, 23; Rudolf Hungreder, Leinfelden: 81.2 (Pflanzensamen); Klaus Joas, Stuttgart: 11, 38.1, 43.3+4; Roman Lang, Stuttgart: 49.1; Jörg Mair, Odelzhausen: 90.2 (überarbeitet von A. Marzell); Karin Mall, Berlin: 121.1; Prof. Jürgen Wirth, Fachhochschule Darmstadt (Fachbereich Gestaltung): 11, 33, 34, 39.1, 40.1+2, 42, 43.1+2, 44.1, 47, 48.1, 49.2+3, 75, 79.2+3, 82.2+4+5, 83.1+4+5, 85.4, 91.1+2+4, 127; Mathias Woszczyna, Rheinbreitbach: 110, 115.2

Chemische Elemente

Die Elemente mit den Ordnungszahlen 60 bis 71 und 93 bis 105 sind nicht aufgeführt.
Eine Zusammenstellung aller Elemente befindet sich im Periodensystem am Ende des Buches.

Elementname	Zeichen	Ordnungszahl	Atommasse in u	Dichte[1] in g/cm³ (Gase: g/l)	Schmelztemperatur in °C	Siedetemperatur in °C
Actinium	Ac	89	227,0278	10,1	1050	3200
Aluminium	Al	13	26,981539	2,70	660	2467
Antimon	Sb	51	121,757	6,68	630	1750
Argon	Ar	18	39,948	1,66	–189	–186
Arsen	As	33	74,92159	5,72	613 s	817 p
Astat	At	85	210,0	—	302	337
Barium	Ba	56	137,327	3,51	725	1640
Beryllium	Be	4	9,012182	1,85	1278	2970
Bismut	Bi	83	208,98037	9,8	271	1560
Blei	Pb	82	207,2	11,4	327	1740
Bor	B	5	10,811	2,34	2300	2550 s
Brom	Br	35	79,904	3,12	–7	59
Cadmium	Cd	48	112,411	8,65	321	765
Caesium	Cs	55	132,90543	1,88	28	669
Calcium	Ca	20	40,078	1,54	839	1484
Cer	Ce	58	140,116	6,65	799	3426
Chlor	Cl	17	35,4527	2,95	–101	–35
Chrom	Cr	24	51,9961	7,20	1857	2672
Cobalt	Co	27	58,9332	8,9	1495	2870
Eisen	Fe	26	55,847	7,87	1535	2750
Fluor	F	9	18,9984032	1,58	–219	–188
Francium	Fr	87	223,0	—	27	677
Gallium	Ga	31	69,723	5,90	30	2403
Germanium	Ge	32	72,59	5,32	937	2830
Gold	Au	79	196,96654	19,32	1064	3080
Hafnium	Hf	72	178,49	13,3	2227	4602
Helium	He	2	4,002602	0,17	—	–269
Indium	In	49	114,818	7,30	156	2080
Iod	I	53	126,90447	4,93	113	184
Iridium	Ir	77	192,22	22,41	2410	4130
Kalium	K	19	39,0983	0,86	63	760
Kohlenstoff	C	6	12,0107	2,25 [2]	3650 [2]	4827
Krypton	Kr	36	83,80	3,48	–157	–152
Kupfer	Cu	29	63,546	8,92	1083	2567
Lanthan	La	57	138,9055	6,17	921	3457
Lithium	Li	3	6,941	0,53	180	1342
Magnesium	Mg	12	24,305	1,74	649	1107
Mangan	Mn	25	54,93805	7,20	1244	1962
Molybdän	Mo	42	95,94	10,2	2610	5560
Natrium	Na	11	22,989768	0,97	98	883
Neon	Ne	10	20,1797	0,84	–249	–246
Nickel	Ni	28	58,6934	8,90	1455	2730
Niob	Nb	41	92,90638	8,57	2468	4742
Osmium	Os	76	190,23	22,5	2700	5300
Palladium	Pd	46	106,42	12,0	1554	2970
Phosphor	P	15	30,973762	1,82 [3]	44 [3]	280
Platin	Pt	78	195,078	21,4	1772	3827
Polonium	Po	84	209,0	9,4	254	962
Praseodym	Pr	59	140,90765	6,77	931	3512
Protactinium	Pa	91	231,03588	15,4	—	—
Quecksilber	Hg	80	200,59	13,55	–39	357
Radium	Ra	88	226,0254	5,0	700	1140
Radon	Rn	86	222,0	9,23	–71	–62
Rhenium	Re	75	186,207	20,5	3180	5627
Rhodium	Rh	45	102,9055	12,4	1966	3727
Rubidium	Rb	37	85,4678	1,53	39	686
Ruthenium	Ru	44	101,07	12,3	2310	3900
Sauerstoff	O	8	15,9994	1,33	–219	–183
Scandium	Sc	21	44,95591	3,0	1541	2831
Schwefel	S	16	32,066	2,07 (rh)	119	444
Selen	Se	34	78,96	4,81	217	685
Silber	Ag	47	107,8682	10,5	962	2212
Silicium	Si	14	28,0855	2,32	1410	2355
Stickstoff	N	7	14,00674	1,17	–210	–196
Strontium	Sr	38	87,62	2,60	769	1384
Tantal	Ta	73	180,9479	16,6	2996	5425
Technetium	Tc	43	98,9062	11,5	2172	4877
Tellur	Te	52	127,60	6,0	449	990
Thallium	Tl	81	204,3833	11,8	303	1457
Thorium	Th	90	232,0381	11,7	1750	4790
Titan	Ti	22	47,88	4,51	1660	3287
Uran	U	92	238,0289	19,0	1132	3818
Vanadium	V	23	50,9415	5,96	1890	3380
Wasserstoff	H	1	1,00794	0,083	–259	–253
Wolfram	W	74	183,84	19,3	3410	5660
Xenon	Xe	54	131,29	5,49	–112	–107
Yttrium	Y	39	88,90585	4,47	1522	3338
Zink	Zn	30	65,39	7,14	419	907
Zinn	Sn	50	118,71	7,30	232	2270
Zirconium	Zr	40	91,224	6,49	1852	4377

[1] Dichteangaben für 20 °C und 1013 hPa

[2] Angaben gelten für Graphit; Diamant: Schmelztemp. 3550, Dichte 3,51

[3] Angaben gelten für weißen Phosphor; Roter Phosphor: Schmelztemp. 590 p, Dichte 2,34

s sublimiert
p unter Druck
— Werte nicht bekannt

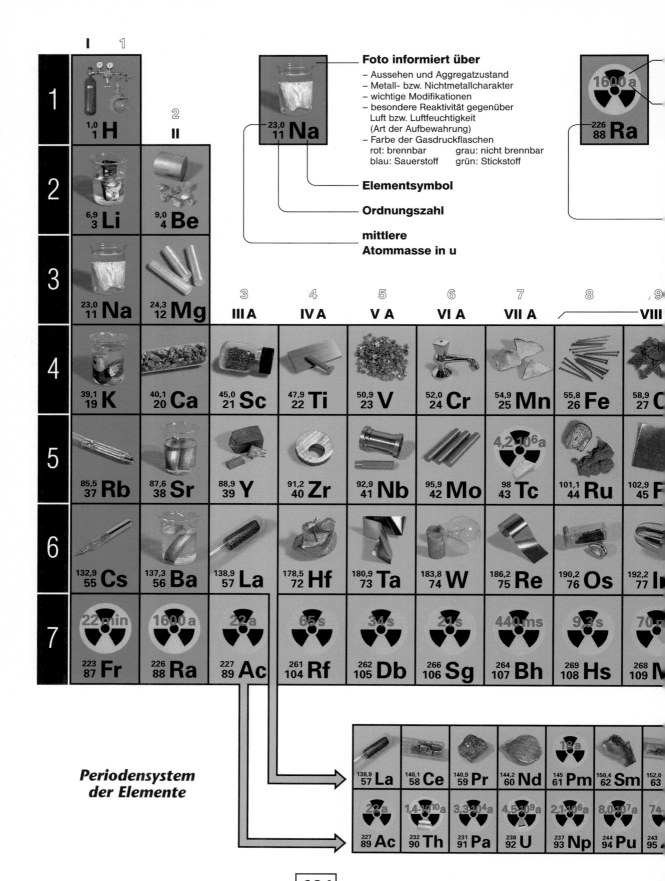

Foto informiert über
– Aussehen und Aggregatzustand
– Metall- bzw. Nichtmetallcharakter
– wichtige Modifikationen
– besondere Reaktivität gegenüber
  Luft bzw. Luftfeuchtigkeit
  (Art der Aufbewahrung)
– Farbe der Gasdruckflaschen
  rot: brennbar   grau: nicht brennbar
  blau: Sauerstoff   grün: Stickstoff

Elementsymbol

Ordnungszahl

**mittlere
Atommasse in u**

*Periodensystem
der Elemente*

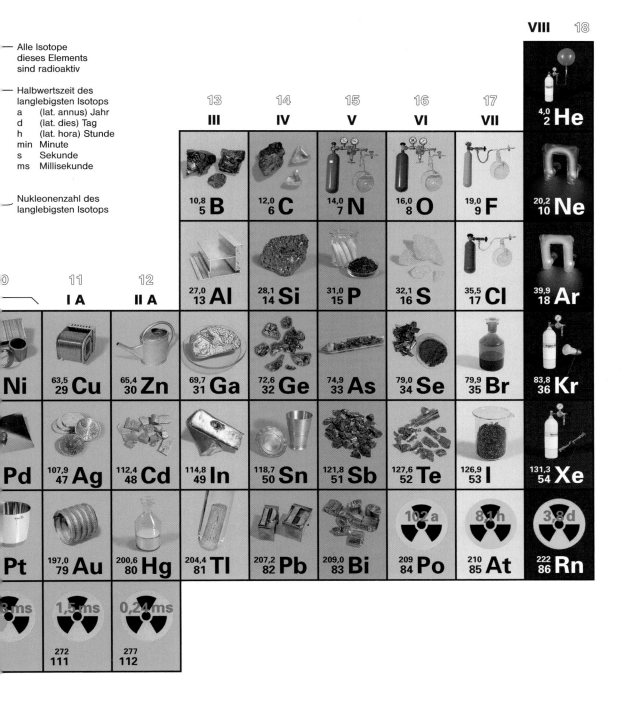

VIII 18

13 III

14 IV

15 V

16 VI

17 VII

4,0 2 He

10,8 5 B
12,0 6 C
14,0 7 N
16,0 8 O
19,0 9 F
20,2 10 Ne

27,0 13 Al
28,1 14 Si
31,0 15 P
32,1 16 S
35,5 17 Cl
39,9 18 Ar

10
11 I A
12 II A

Ni
63,5 29 Cu
65,4 30 Zn
69,7 31 Ga
72,6 32 Ge
74,9 33 As
79,0 34 Se
79,9 35 Br
83,8 36 Kr

Pd
107,9 47 Ag
112,4 48 Cd
114,8 49 In
118,7 50 Sn
121,8 51 Sb
127,6 52 Te
126,9 53 I
131,3 54 Xe

Pt
197,0 79 Au
200,6 80 Hg
204,4 81 Tl
207,2 82 Pb
209,0 83 Bi
102 a 209 84 Po
8 h 210 85 At
3,8 d 222 86 Rn

ms
1,5 ms
0,24 ms 277 112

272 111

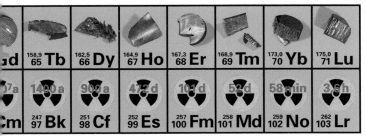

Lanthanoide

Actinoide

158,9 65 Tb
162,5 66 Dy
164,9 67 Ho
167,3 68 Er
168,9 69 Tm
173,0 70 Yb
175,0 71 Lu

7 a Cm
1400 a
900 a
472 d
101 d 257 100 Fm
53 d 258 101 Md
58 min 259 102 No
3,6 h 262 103 Lr

247 97 Bk
251 98 Cf
252 99 Es

Umrechnungen von Einheiten

Vorsilben für Vielfache und Teile von Einheiten

Vorsilbe	Bedeutung	Beispiel	
Atto a	$10^{-18} = 0,000\,000\,000\,000\,000\,001$	1 aWs (Attowattsekunde) $= 10^{-18}$ Ws	Grenze der Lichtempfindlichkeit des Auges
Femto f	$10^{-15} = 0,000\,000\,000\,000\,001$	1 fm (Femtometer) $= 10^{-15}$ m	Größe von Protonen und Neutronen
Pico p	$10^{-12} = 0,000\,000\,000\,001$	1 pPa (Picopascal) $= 10^{-12}$ Pa	Luftdruck im technisch besten Vakuum
Nano n	$10^{-9} = 0,000\,000\,001$	1 nm (Nanometer) $= 10^{-9}$ m	Größe von Molekülen
Mikro μ	$10^{-6} = 0,000\,001$	1 μg (Mikrogramm) $= 10^{-6}$ g	Masse eines größeren Staubkorns
Milli m	$10^{-3} = 0,001$	1 mV (Millivolt) $= 10^{-3}$ V	Spannung in den Nerven zur Reizleitung
Zenti c	$10^{-2} = 0,01$	1 cl (Zentiliter) $= 10^{-2}$ l	Volumen von einem Kaffeelöffel Flüssigkeit
Dezi d	$10^{-1} = 0,1$	1 dm (Dezimeter) $= 10^{-1}$ m	Handbreite
	$10^{0} = 1$	1 A (Ampere)	Stromstärke beim Fahrraddynamo
Deka da	$10^{1} = 10$	1 dam (Dekameter) $= 10$ m	Breite einer Straße
Hekto h	$10^{2} = 100$	1 hl (Hektoliter) $= 10^{2}$ l	Volumen eines größeren Koffers
Kilo k	$10^{3} = 1\,000$	1 kA (Kiloampere) $= 10^{3}$ A	Stromstärke bei einer Elektrolokomotive
Mega M	$10^{6} = 1\,000\,000$	1 MHz (Megahertz) $= 10^{6}$ Hz	Frequenz elektrischer Schwingungen im Radio
Giga G	$10^{9} = 1\,000\,000\,000$	1 GW (Gigawatt) $= 10^{9}$ W	Leistung eines Kernkraftwerkes
Tera T	$10^{12} = 1\,000\,000\,000\,000$	1 TW (Terawatt) $= 10^{12}$ W	Leistung eines Gewitterblitzes
Peta P	$10^{15} = 1\,000\,000\,000\,000\,000$	1 Pm (Petameter) $= 10^{15}$ m	Weg, den das Licht in 1 Monat zurücklegt
Exa E	$10^{18} = 1\,000\,000\,000\,000\,000\,000$	1 EHz (Exahertz) $= 10^{18}$ Hz	Frequenz von Röntgenstrahlen

Umrechnung von Krafteinheiten

	in N	in cN	in kN	in MN
1 N =	1	100	0,001	0,000 001
1 cN =	0,01	1	0,000 01	0,000 000 01
1 kN =	1 000	100 000	1	0,001
1 MN=	1 000 000	100 000 000	1 000	1

Umrechnung von Geschwindigkeitseinheiten

	in $\frac{m}{s}$	in $\frac{km}{h}$
1 $\frac{m}{s}$ =	1	3,6
1 $\frac{km}{h}$ =	0,28	1

Umrechnung von Druckeinheiten

		in Pa	in hPa	in mbar	in bar
1 Pa	$= 1 \frac{N}{m^2}$	1	0,01	0,01	0,000 01
1 hPa	$= 100 \frac{N}{m^2}$ $= 0,01 \frac{N}{cm^2} = 1$ mbar	100	1	1	0,001
1 bar	$= 10 \frac{N}{cm^2}$	100 000	1 000	1 000	1

Umrechnung von Zeiteinheiten

	in s	in h	in d	in a
1 s =	1	0,0003	–	–
1 h =	3 600	1	0,042	–
1 d =	86 400	24	1	0,003
1 a =	31,5 Mill.	8 760	365	1

h ... von lateinisch hora, die Stunde

d ... von lateinisch dies, der Tag

a ... von lateinisch annus, das Jahr

Umrechnung von Einheiten für Arbeit, Wärme, Energie

	in J, Nm, Ws	in kJ	in kWh
1 J = 1 Nm = 1 Ws	1	0,001	0,000 000 278
1 kJ =	1 000	1	0,000 278
1 kWh =	3 600 000	3 600	1

Einheiten für Spezialgebiete

1 Lichtjahr (Lj) Astronomie	$= 9\,460\,000\,000\,000$ km
1 Faden – Seefahrt	$= 1,829$ m
1 Seemeile (sm) Seefahrt	$= 1852$ m
1 Knoten (kn) Luft- und Seefahrt	$= 1,852$ km/h
1 Registertonne (RT) Seefahrt	$= 2,83$ m³
1 Elektronvolt (eV) Atomphysik	$= 0,0 \underset{\text{18 Nullen}}{............} 016$ J

1 Karat Schmuck	$= 0,2$ g
1 Tex – Textilien	$= 1$ g/km
1 Steinkohleneinheit (SKE) Energiewirtschaft	$= 8147$ kWh
1 mm Quecksilbersäule (mm Hg) – Medizin	$= 133$ Pa
1 Ar (a)	$= 100$ m²
1 Hektar (ha) = 100 a Grundstücke	$= 10\,000$ m²

Veraltete Einheiten

1 Pond (p)	$= 0,981$ cN
1 Kilopond (kp)	$= 9,81$ N
1 Atmosphäre (at)	$= 981$ mbar
1 Torr (Torr)	$= 1,33$ mbar

1 Kilopondmeter (kpm)	$= 9,807$ J
1 Kalorie (cal)	$= 4,187$ J
1 Kilokalorie (kcal)	$= 4,187$ kJ
1 Pferdestärke (PS)	$= 736$ W

Englische (amerikanische) Einheiten

1 Zoll – (inch)	2,54 cm
1 Fuß = 12 inches – (foot, Mz. feet)	30,48 cm
1 Yard = 3 feet – (yard)	91,44 cm
1 Meile = 1760 yards – (mile)	1609 m
1 engl. Gallone – (gallon)	4,546 l
1 amer. Gallone – (gallon)	3,785 l
1 engl. Fass = 35 gallons – (barrel)	159,11 l
1 amer. Fass = 42 gallons – (barrel)	158,97 l
1 Unze – (ounce)	28,35 g
1 Pfund = 16 ounces – (pound)	453,6 g

Fahrenheit (°F): $x\,°C = \left(\frac{9}{5} x + 32\right) °F$

$$30\,°C = \left(\frac{9}{5} \cdot 30 + 32\right) °F = 86\,°F$$